돈 되는 원룸투자, 이게 답이다

돈 되는 원룸투자, 이게 답이다

초판 1쇄 발행 2017년 4월 20일

지은이 서재용
펴낸이 장길수
펴낸곳 지식과감성#
출판등록 제2012-000081호

디자인 이다래
편집 평소라, 최예슬
교정 정혜나
마케팅 고은빛, 윤석영

주소 서울시 금천구 가산동 60-5 갑을그레이트밸리 B동 507호
전화 070-4651-3730~4
팩스 070-4325-7006
이메일 ksbookup@naver.com
홈페이지 www.knsbookup.com

ISBN 979-11-5961-590-0(13320)
값 13,000원

ⓒ 서재용 2017 Printed in Korea

잘못된 책은 구입하신 곳에서 바꾸어 드립니다.
이 책의 전부 또는 일부 내용을 재사용하려면 사전에 저작권자와 펴낸곳의 동의를 받아야 합니다.

이 도서의 국립중앙도서관 출판예정도서목록(CIP)은 서지정보유통지원시스템
홈페이지(http://seoji.nl.go.kr)와 국가자료공동목록시스템(http://www.nl.go.kr/kolisnet)에서
이용하실 수 있습니다. (CIP제어번호 : CIP2017009175)

 홈페이지 바로가기

쉽게 알아보는 돈 되는 원룸 부동산 탐구집

돈 되는 원룸투자, 이게 답이다

서재용 지음

왜 하필 원룸인가?
1인가구 27%시대
현 시대에 맞추어 준비하는 부동산 투자법

서문 / 009

1. 수익형 부동산

1. 100세 시대를 바라보며 / 014
2. 저금리 투자 시장 / 017
3. 자산을 늘리는 부채 / 020
- ⓢ 수익형 부동산의 종류 / 023

---

2. 상가보다는 원룸 다가구 주택

1. 어려운 상권 분석 / 032
2. 공실률 / 036
3. 세금 / 039
- ⓢ 양도소득세란? / 042

---

3. 왜 하필 원룸인가

1. 여전히 수요가 공급보다 월등히 많다 / 048
    - 여성들의 사회진출
    - 결혼에 따른 경제적 무게감
    - 늘어나는 이혼가정, 기러기 아빠
    - 실버세대
2. 높은 환금성 / 059

4. 월세 세입자가 늘고 있다

1. 주택가격 상승 / **064**
2. 물가 상승의 지속 / **067**

---

5. 경매로 취득하는 원룸 다가구 주택

1. 경매란? / **072**
2. 권리분석과 명도 / **074**
3. 경매 물건의 득과 실 / **077**
4. 경매 절차 / **080**
   - 경매 신청 및 경매개시결정
   - 배당요구의 종기결정 및 공고
   - 매각 준비
   - 매각 및 매각결정기일의 지정, 공고, 통지
   - 매각 실시
   - 매각결정절차
   - 매각대금의 납부
   - 배당절차
   - 소유권이전등기 등의 촉탁
   - 인도 명령
5. NPL(부실채권) / **087**
   - NPL(부실채권)의 등장 배경
   - NPL 처분

🏠 6. 부동산은 위치가 말해준다

1. 어느 위치에 투자할 것인가? / **096**
2. 역세권 / **098**
3. 업무시설 밀집지(반월당 · 삼덕동) / **102**
4. 대학병원 / **105**
5. 대학가 / **107**

🏠 7. 어떤 곳에서, 어떤 원룸을 사야 하는가?

1. 전문성 있는 중개인을 만나라 / **112**
   - 원룸 다가구 주택 전문가
   - 건축업자와의 상호적인관계
   - 매매가격
2. 높은 수익률 / **116**
3. 넓은 도로와 주변 환경 / **118**
4. 방의 크기와 구조 / **121**
5. 주차 공간 / **124**
6. 불법 없는 건축물 / **126**
   - 일조권
   - 상가 증축 또는 방 쪼개기
7. 하자 없는 집 / **131**
   - 누수
   - 결로로 인한 곰팡이

8. 구축 건물과 신축 건물 / 135

- 구축 건물
- 신축 건물
- 신축이 비싼 이유

9. 리모델링 / 142

- 무늬만 리모델링
- 투자자들은 수익률을 보고 산다
- 초기자금이 많이 드는 리모델링
- 어렵고 복잡한 절차, 명도

 8. 임대 관리 방법

1. 보증금은 낮게, 월세는 높게 / 150
2. 이사비 지원과 재계약 / 154

   - 이사비 지원
   - 재계약
   - 공실보다 월세 할인?

3. 방범 치안 / 158
4. 밀린 월세 / 162

   - 좀 더 느긋하게
   - 보증금은 안전하게

5. 중개수수료 / 165

   - 얼마를 주어야 하나
   - 반전세 또는 전세

6. 임대 전문 사이트를 활용해라 / **168**

7. 시설물 관리 / **172**

8. 계약 기간 / **175**
   - 단기 임대
   - 묵시적 갱신

9. 위탁 관리 / **179**

   ⓢ 주택임대차보호법 / **182**

   ⓢ 유치권 / **201**

   ⓢ 법정지상권 / **204**

참고문헌 · 참고사이트 / **205**

/ 서문 /

전세 시대는 가고, 월세 시대가 왔다

세계 각국이 경기 부양책으로 저금리, 혹은 마이너스 금리를 채택하고 있다. 움츠린 내수 경기를 활성화하고자 돈을 푸는 것이다. 이러한 정책 시행에서 성공을 거두려면 기업은 시설에 투자해야 하고 고용을 창출해야 한다. 또한, 정부는 내수 경기를 촉진하기 위해 더욱더 힘써야 한다.

그러나 경제 이론에 맞춰 정석대로 시행된 정책이라 할지라도, 실제에서 성공적 결과를 얻어내기란 쉽지가 않다. 그리하여 대부분의 경우, 돈의 가치는 떨어지고 물가가 치솟는 인플레이션 사태가 벌어지는 것이다.

세계 경기의 큰 변수라 할 수 있는 미국은 과연 어떤 금리 정책을 내놓을 것인가?

금리라는 게 내리기는 수월해도, 올릴 때는 내릴 때 이상의 큰 고통을 수반하게 된다. 제아무리 세계 경기를 손에 쥐고 흔드는 미국이라 할지라도 말처럼 쉽게 금리를 올릴 수는 없다. 2008년 금융 위기 이후 무려 8년 만에 금리를 올린 셈이니 아무래도 미국은 우리들 생각보다는 좀 더 조심스러운 태도를 보일 듯하다.

이렇게 경기가 불안한 때일수록 현금보다는 현물이 맞다고 생각한다.
투자자들은 이자도 잘 붙지 않는 은행에 돈을 맡기기는 싫고, 그렇다고 불안한 주식에 투자하기는 두렵고, 그리하여 돈 보따리를 부둥켜안고서 전전긍긍하고 있다. 현금을 든 채 이러지도 저러지도 못하는 그들의 시선이 멈춘 곳이 바로 '수익형 부동산'이다.

수익형 부동산에도 트렌드가 있다. 트렌드를 잘 알고 공략해야만 성공적인 투자를 끌어낼 수 있다.
불안한 경기와 물가 상승으로 인하여 한 해 한 해 다르게 주택 및 아파트값이 오르고 있다. 주머니 가벼운 이 시대의 우리들은 주택이든 아파트든 내 집 장만은 일찌감치 포기해버렸다. 전세금을 은행에 예치해 봤자 득 될 것이 없으니 전세를 얻고자 하는 이는 많아도, 전세를 내주려는 이는 적다.
이것이 트렌드다. 주택도, 아파트도, 전셋집도 아니라면 '원룸 수익형 부동산'이 그 해답이다.
아무리 못난 원룸 수익형 부동산이라도 웬만하면 은행 이자보다 월세 수익이 더 높고, 혼자 사는 이들이 점차 늘고 있는 현 추세에도 더욱 적합한 수익형 부동산 형태이다.

노력 없이 달콤한 배를 따 먹을 수는 없다.

애써 모은 내 돈을 투자하는 만큼 신중에 신중을 기해야 한다. 내 눈에 보이지 않는 건물의 단점과 장점, 유동 인구와 배후 인구, 매수 이후의 가치 상승 여부, 적절한 매도 시점 등은 일반인 투자자들에게 결코 쉽지 않은 부분들이다. 그 모든 것들을 스스로 판단해야만 하는 어려움을 덜어주기 위해 현장에서 익힌 중개사로서의 노하우를 부족하나마 이 책에 풀어내 보았다.

알뜰살뜰 모은 소중한 자산을 가치 있게 또 덜 위험하게 쓸 수 있는 데 보탬이 되었으면 하는 바람이다.

끝으로 항상 나를 믿어주며 물심양면으로 응원해주는 나의 가족들에게 고맙고 사랑한다는 말을 전하고 싶다. 부족함 투성이인 책이지만, 책 한 권을 완성하기까지 부단히 싸우고, 화해하기를 반복했던 나의 아내에게도 고마움의 뜻을 전하고 싶다.

1. 수익형 부동산

1. 100세 시대를 바라보며
2. 저금리 투자 시장
3. 자산을 늘리는 부채
💲 **수익형 부동산의 종류**

1
100세 시대를 바라보며

100세 시대를 맞이한 현재, 우리 모두에게 필요한 것은 스스로를 위한 노후 대책이다.

각종 의료 혜택과 윤택한 생활로 인해 건강하고 오래 살 수 있다는 것은 분명 축복이다. 그러나 전문가들은 미처 준비되지 않은 채 맞이하는 노후는 축복이 아닌 고통의 연속일 거라고 조심스럽지만, 단호하게 경고한다.

이른바 실버세대들이 우리 주변 곳곳에서 '인생은 육십부터'라며 그들의 건재함을 과시하고 있다.

그러나 여전히 우리나라의 노인 복지 시스템은 다른 선진국에 비해 크게 뒤처져 있는 상황이다. 게다가 일자리 부족과 지속되는 경기 침체로 취준생(취업준비생), 실업자, 조기 은퇴는 점점 증가하고 있다. 이러한 현재 상황에서 노후대책은 자녀계획 이상으로 중요한 미래 계획이 되었다.

격동의 시대를 겪으며, 오로지 한 직장에 쭉 종사하는 것만을 삶의 목표로 삼았던 베이비붐 세대들이 하나둘 은퇴하고 있다. 이들은 앞만 보며 살아오느라 노후 대책이라는 건 염두에 둘 수조차 없었다.

이러한 일자리 부족과 미래에 대한 불안함은 중장년층뿐 아니라 이 시대의 젊은이들에게도 큰 부담일 것은 너무나도 당연하다.

우리 모두는 미래에 대한 대책을 늘 고민하며, 마르지 않는 샘처럼 지속적인 소득을 얻을 수 있는 방법은 없을까 꿈꾼다.

이러한 기대와 희망 속에서 최근 다수의 투자자들의 관심을 끌고 있는 것이 바로 수익형 부동산이다.

수익형 부동산은 주택 수익형 부동산, 상가 수익형 부동산, 그리고 오피스텔 수익형 부동산 이 세 가지로 크게 나누어진다. 통상적으로 다중 주택, 다가구 주택, 도시형 생활주택 등이 '주택 수익형 부동산'에 속하고, 근린 상가, 아파트 단지 내 상가, 주상복합형 상가 등은 '상가 수익형 부동산'에 그리고 오피스와 오피스텔 등은 '오피스텔 수익형 부동산'에 속한다.

다양한 수익형 부동산 중에서 주택 수익형 부동산이, 그중에서도 상가주택이나 원룸 위주의 다가구 주택이 많은 투자자들의 이목을 끄는 이유는 바로 높은 투자 가치와 그 수익률 때문이다.

은행만 믿고 예금을 하기엔 이자가 너무 낮고, 주식 투자는 섣불리 덤비

기엔 위험 부담이 크고 불안하기만 하다. 고정적인 수입을 보장받지 못한 상황에서, 생활비나 의료비, 보험금 등의 지속적인 지출은 모든 이에게 큰 부담이 될 수밖에 없다.

그러다 보니 지속적인 수입을 창출해낼 수 있는 수익형 부동산이 그 부담을 덜어줄 해답이라 확신하는 이들이 점차 늘고 있는 것이다. 다른 투자처에 비해 안정적이고, 예금보다는 높은 수익을 기대해 볼 수 있음이 그 이유다.

과거 부동산의 대표 격이었던 토지와 아파트는 시세차익을 통해 얻는 처분수익이 수익의 대부분을 차지한다.

그에 비해 상가 주택과 원룸 주택은 시세차익을 통한 처분수익은 물론이고, 운영수익까지 노릴 수 있다는 강점 때문에 많은 투자자들의 선택을 받고 있다.

그뿐 아니라 층별로 나누어진 공간적 특성으로 인해, 투자자 스스로의 주거 문제를 해결할 수도 있고, 동시에 여분의 공간을 임대하여 수익을 누린다. 말 그대로 '두 마리 토끼'를 동시에 잡을 수 있다는 것 또한 다른 수익형 부동산과 크게 구분되는 부분이다.

저금리 투자 시장

과거 우리나라 경제 성장률은 평균 10%대 이상을 유지했었다.

그러나 현재는 간신히 2~3%대를 기록하고 있다. 경제 전문가들은 현재의 저조한 성장률이 과거 수준으로 다시 호전될 가능성이 매우 희박할 것이라는 분석을 내놓고 있다.

경제란 어느 한 분야가 호전된다거나, 국내 경기가 풀린다거나 해서 곧장 회복세로 돌아서지 않는다.

그만큼 여러 요인들이 복잡하게 얽혀 있는 거대한 덩어리이며, 즉각적이면서도 더디게 움직이는 것이 경제이다. 경제와 정치·사회 전반에 걸친 개선을 감행하더라도 상당한 시일이 경과해야지만 그 변화와 효과를 눈으로 그리고 몸으로 확인할 수 있게 된다.

그 과정에서 서민들이 체감하는 삶의 빠듯함은 도표와 수치로 그려지는 것 이상이다.

최근 가까운 일본을 비롯하여, 덴마크, 스위스, 스웨덴 등 여러 나라가 경기 부양책의 일환으로 마이너스 금리를 선택하고 있다.

먼저, 금리를 기준 금리와 가산 금리로 나누어 살펴보자.

기준 금리는 다른 모든 금리의 기준이 되는 금리이며, 한국은행이 매월 물가 변동과 국내·외 경제 상황을 고려하여 정한다. 기준 금리는 해당 국가의 통화 정책에 맞추어 인위적으로 결정되는데, 가산금리는 이러한 기존 금리에 채무자들의 신용도 등의 조건을 부합하여 덧붙여진 금리이다.

해당 채무자의 신용도가 좋아 채무 상환에 별문제가 없다면 가산 금리는 낮아지고, 그 반대로 채무자의 신용도가 낮아 채무 상환에 위험 요소가 있다면 가산 금리는 높아진다.

앞선 여러 나라들이 선택한 금리 인하 또는 마이너스 금리 정책은 기준 금리를 낮게 또는 0상태로 설정하는 것이다.

예금 이자가 낮아짐은 물론이고 대출 이자 역시 낮아진다. 이로써 은행에 돈을 맡겼는데 이자가 적거나 없을 수도 있지만, 반대로 이전보다 훨씬 더 싸게 빌릴 수도 있다.

불경기가 지속되면 투자는 자제하고 안전한 예금을 선호하게 된다. 주머니에서 현금이 쉽사리 나오질 않으니 제조·유통 등 일련의 소비 시장은 경직되게 마련이다.

이때, 정부는 위와 같은 정책들을 시행해 시중에 유통되는 화폐의 양을 늘리고 소비의 활성화를 장려한다.

마땅한 투자처를 찾지 못하고 떠다니는 수많은 자금들은 별 재미가 없는 예금이나 불안한 주식보다는 부동산 투자쪽으로 흘러들어 가게 된다. 싸게 대출받아 땅이나 집을 사거나 수익형 부동산에 투자하는 것이 오히려 낫다고 생각하는 것이다.

수익형 부동산은 고정적 이익을 창출해낸다는 특성으로 인해 인기가 높다. 수익률이 아무리 낮은 원룸 다가구 주택이라 할지라도 그 수익률이 기준금리 이하로 떨어지기는 힘들기 때문이다.

3 자산을 늘리는 부채

투자는 하고 싶지만, 자본금이 부족하다면?

이 경우, 투자자들의 태도를 크게 두 가지 유형으로 설명할 수 있다.

대출에 대한 부정적인 견해로 인해 온전히 자기자본으로만 투자하려는 투자자들, 그리고 대출을 최대한 이용하여 부족한 자기자본금을 키우겠다는 투자자들이 그들이다.

'융자는 곧 빚이다'라고 생각하는 사람들이 적지 않다. 금융기관에서 빌리는 대출금은 온전히 '빚'이고, 언젠가는 내가 갚거나 감당해야 할 부채라 생각하는 것이다.

이런 성향의 투자자들은 당장 눈앞에 좋은 물건이 보여도 절대 무리하지 않고, 자기자본 내에서 안전하게 투자할 방법을 모색한다.

모든 투자자들이 한 방의 성공이나 대박을 꿈꾸지만, 그와 동시에 투자가 계획대로 되지 않았을 때 역시 생각해 두어야만 한다.

즉 공실이 많아져 수익은커녕 대출 이자 갚기조차 빠듯해진다거나, 수익률이 떨어짐으로 인해 되팔고자 할 때 차익이 발생하지 않아 손해를 떠안게 되는 상황들이 그러하다. 본인의 투자금에 손해를 입는 것만 해도 속상한데, 대출받은 돈의 원금과 이자까지 갚아나가야 한다면 이는 실로 엄청난 부담일 것이다.

그렇기 때문에 대출 없이 투자하는 이들의 상당수는 현금 부자들이다. 이들은 자기자본금이 어느 정도 확보가 되어있거나, 여러 채의 수익 부동산을 보유하여 서로의 리스크를 보강해줄 수 있는 구조를 갖추고 있다.

이들은 공격, 위험이라는 단어보다는 방어, 안전이라는 단어에 어울리는 투자 태도를 보인다.

반면, 대출금은 요령있게 최대한 끌어다 써야 한다는 투자자들도 있다. 이들은 매입한 건물의 감정평가액을 높여 가능한 한 최대 선까지 대출을 받고, 부족한 경우 개인 신용대출까지 최대로 끌어다 투자한다.

말 그대로 공격적이고 발 빠른 투자 성향을 보인다. 이들은 투자에 대해 관심은 많지만, 아직 자기자본금이 부족한 젊은 직장인이나 개인 사업가, 공무원들이 상당수를 차지한다.

경제학에서는 이러한 투자 방식을 '지렛대 효과'라 부르며, 하나의 유용한 이익 창출 방법으로 정의내리고 있다.

투자 목적물에 대한 자기자본이 부족한 경우, 타 자본의 유입을 통해 자금력에 힘을 실어주는 것이다.

대출이자를 차감하더라도 투자에 의한 수익이 그 이상이라면 충분히 가치가 있는 방법이다. 자기자본이 넉넉하지 못한 투자자라 하더라도 '지렛대' 원리를 잘만 이용한다면, 자기자본 대비 높은 수익률을 만들어낼 수 있다.

위험 부담이 있는 투자 방법이긴 하지만, 적은 자기자본금으로 여러 채의 수익형 부동산을 소유하는 것이 가능해진다.

대출을 꺼리는 보수적인 투자자들이 한 채를 소유할 자본력으로, 이들은 대출이라는 지렛대를 이용해 2~3채에 투자해 수익을 창출한다. 이러한 투자 방법으로 보유 부동산이 2~3채 늘어난다면 수익도 대부분 비례해 늘어나게 된다.

하지만, 그로 인한 위험 부담이 함께 늘어나는 것은 너무나 당연한 이치이다. 이는 오로지 투자자의 몫이므로 투자 방법 결정에 신중할 필요가 있다.

수익형 부동산의 종류

다중주택

다중주택이란 주거의 형태를 독립적으로 갖추지 아니한 주택이다. 욕실은 각각 설치할 수 있지만, 취사 시설을 갖추고 있지는 않다. 여러 사람이 장기간 거주할 수 있는 구조로 되어 있으며, 연면적이 330㎡(100평)을 초과해서는 안 되고, 층수는 3층 이하여야 한다.

다중주택은 '건축법'에 의한 용도별 건축물의 종류에서 단독주택에 포함된다.

다가구 주택(원룸 수익형 부동산)

지하와 주차장을 제외하고 주택용으로 쓰이는 층수가 3층 이하이고, 하나의 동을 기준으로 바닥 면적의 합계가 660㎡ 이하(200평)를 초과해서는 안 된다. 또 거주 가능한 총 세대의 수가 최대 19세대를 넘어서는 안 된다.

만약 1층 바닥면적의 1/2 이상을 필로티 구조로 하여 주차장으로 사용하고, 그 나머지 부분을 주택 용도가 아닌 상가로 증축한 경우라면, 해당 층은 주택의 층수에서 제외한다.

도시형 생활주택

'도시형 생활주택'은 1인 가구와 같은 소규모 가구의 주거를 안정적으로 보장, 제공해주기 위하여 시행된 주거 형태이다.

300세대 미만의 국민주택 규모에 해당하는 주택으로서 국토의 계획 및 이용에 관한 법률에 따른 도시지역에 건설하는 주택이다.

이러한 '도시형 생활주택'에는 단지형 연립주택, 단지형 다세대주택, 원룸형 주택이 있다.

건축법 시행령에 따른 주택 중 원룸형 주택을 제외한 주택이 단지형 연립주택과 단지형 다세대 주택이다. 주거 전용면적이 85㎡ 이하이고, 건축법 적용의 완화 규정으로 인해 건축위원회의 심의를 받은 경우라면 5층까지 건축할 수 있다.

원룸형 주택은 독립적으로 주거할 수 있도록 세대별로 욕실, 부엌 등을 갖춘 주택을 칭하며, 욕실 및 부엌, 보일러실을 제외한 부분들은 하나의 공간으로 구성되어 있다. 세대별 주거 전용면적이 12㎡ 이상 50㎡ 이하여야 하며, 지하층에는 설치하지 않는다.

상가건물

상가건물은 공익 정도를 정하고 있는 주택과는 입장이 다르다. 일반 그대로 상가의 집물 내의 정포 용도로 등 규정으로 추가용이 등을 절정하여 지은 주택이다. 1층 상가에 영업가 들어서고, 2층 이상이 층을 등 주택으로 사용함으로 하는 경우가 대부분이다.

근린 상가 · 근린생활시설

입상가물에 필요한 시설들을 근린생활시설 제1종 근린생활시설과 제2종 근린생활시설로 구분해 이해할 수 있다.

(1) 제1종 근린생활시설

- 수퍼마켓과 일용용품(식품, 잡화, 의류, 완구, 서적, 건축자재, 의약품, 의료기기 등)의 소매점으로 같은 건축물(하나의 대지에 2동 이상의 건축물이 있는 경우에는 이를 같은 건축물로 본다.)에 해당 용도로 쓰는 바닥면적의 합계가 1천 제곱미터 미만인 것.

- 휴게음식점 또는 제과점으로서 같은 건축물에 해당 용도로 쓰는 바닥면적의 합계가 300㎡ 미만인 것.

• 이용원, 숙박업 및 세탁소(공장이 부설된 것 제외), 마가린제조업 및 식용유지제조업, 도축업, 도계장 · 집유업, 수산물가공업에 해당하는 용도로 쓰는 건축물로서 대지면적이 500㎡ 이상인 것(공동주택 및 제1종 근린생활시설에 해당하는 것은 제외한다.)
• 아이스 · 지거아이스 · 열이아이스 · 정밀어업 · 정말어업 · 조직적리업, 인쇄 및 제책업, 제책업 인쇄 및 제책업을 하는 용도로 쓰는 건축물로서 대지면적이 마가린제조업 및 식용유지제조업이 500㎡ 미만인 것

(2) 2종 근린생활시설

• 일반음식점, 기원
• 휴게음식점 제과점으로서 제1종 근린생활시설에 해당하지 아니하는 것

하는 것
• 사진으로서 제1종 근린생활시설에 해당하지 아니하는 것
• 테니스장, 체력단련장, 에어로빅장, 볼링장, 당구장, 실내낚시터, 골프 연습장, 물놀이형 시설(관광진흥법 제33조에 따른 안전성검사의 대상이 되는 물놀이형 시설이 아닌 것을 말한다.) 그 밖에 이와 비슷한 것으로서 같은 건축물에 해당 용도로 쓰는 바닥면적의 합계가 500㎡ 미만인 것
만인 것
• 공연장(극장, 영화관, 연예장, 음악당, 서커스장, '영화 및 비디오물이 진흥에 관한 법률' 제16조 제1호에 따른 가상체험 체육시설업 장소, 비디오물감

다세대 주택에 포함된다. 이때, 지하 또는 주차장의 면적은 연립주택과 다세대 주택의 바닥면적 합계에서 제외한다.

낮에는 일반 사무실과 다를 바 없이 개별적인 업무를 수행하는 공간으로 사용하되, 저녁이 되면 공간의 일부를 숙식 해결의 목적으로 사용할 수 있도록 호텔식으로 설계한 건축물이다.

이때, 오피스로 사용하는 업무 시설의 공간이 전체 비중에서 절반 이상을 넘어서야 하며, 반대로 주거 목적의 공간은 절반을 넘지 않아야 오피스텔이라 칭할 수 있다.

이로써 건축법에서는 오피스텔을 주택이 아닌 업무시설로 분류하고 있으며, 오피스텔을 소유하더라도 주택 보유 수에는 포함되지 않는다.

아파트 · 연립주택 · 다세대주택

아파트와 연립주택, 그리고 다세대 주택은 바닥면적과 층수에 의해 분류된다.

이때 1층의 바닥 면적의 1/2 이상을 필로티 구조로 하여 주차장으로 사용하고, 그 나머지 부분을 주택 외의 다른 용도로 사용하고 있다면 해당 층은 층수 산정에서 제외한다.

아파트는 주거 목적으로 사용되는 건물의 층수가 5개 층 이상인 주택을 말한다.

주거 목적의 1개 동 층수가 4개 층 이하이면서 바닥면적의 합계가 660㎡를 초과하면 연립주택에 포함되고, 바닥면적의 합계가 660㎡ 이하라면 호 나목에 따른 비디오물 소극장, 그 밖에 이와 비슷한 것을 말한다. 이하 같다.) 또는 종교집회장(교회, 성당, 사찰, 기도원, 수도원, 수녀원, 제실, 사당, 그 밖에 이와 비슷한 것을 말한다. 이하 같다.)으로 같은 건축물에 해당 용도로 쓰는 바닥면적의 합계가 300㎡ 미만인 것.

• 금융업소, 사무소, 부동산중개사무소, 결혼상담소 등 소개업소, 출판사 그 밖에 이와 비슷한 것으로 같은 건축물에 해당 용도로 쓰는 바닥면적의 합계가 500㎡ 미만인 것.

• 제조업소, 수리점, 세탁소, 그 밖에 이와 비슷한 것으로 같은 건축물에 해당 용도로 쓰는 바닥면적의 합계가 500㎡ 미만이고, 다음의 요건 중 어느 하나에 해당되는 시설.

• '게임산업진흥에 관한 법률' 제2조 제6호의 2가목에 따른 청소년게임제공업의 시설 및 같은 조 제8호에 따른 복합유통게임제공업의 시설(청소년 이용 불가 게임물을 제공하는 경우는 제외한다.)로 같은 건축물에 해당 용도로 쓰는 바닥면적의 합계가 500㎡ 미만인 것과 같은 조 제7호에 따른 인터넷컴퓨터게임시설제공업의 시설로 같은 건축물에 그 용도로 쓰는 바닥면적의 합계가 300㎡ 미만인 것.

• 사진관, 표구점, 학원(같은 건축물에 해당 용도로 쓰는 바닥면적의 합계가 500㎡ 미만인 것에 해당되며, 자동차학원 및 무도학원을 제외한다.), 직업훈련소(같은 건축물에 해당 용도로 쓰는 바닥면적의 합계가 500㎡ 미만인 것을 말하되, 운전·정비 관련 직업훈련소는 제외한다.), 장의

사, 동물병원, 독서실, 총포판매사, 그 밖에 이와 비슷한 것.
- 단란주점으로 같은 건축물에 그 용도로 쓰는 바닥면적의 합계가 150㎡ 미만인 것.
- 의약품 판매소, 의료기기 판매소 및 자동차 영업소로 같은 건축물에 그 용도로 쓰는 바닥면적의 합계가 1,000㎡ 미만인 것
- 안마시술소 및 노래연습장

고시원(고시텔)

흔히 고시텔이라 불리는 고시원은 면적에 따라 '제2종 근린생활시설(대분류)'에 포함될 수 있고, '숙박시설(대분류)'에 포함될 수도 있다. 건물 바닥면적의 합계 500㎡를 기준으로 하여 그 미만이면 근린생활시설이 되고, 이상이면 숙박시설이 되는 것이다.

이렇듯 건축법에서는 동일한 건물을 두고서도 해당 면적이나 그 용도 등에 따라 건축이 가능한 경우도 있고 불가능한 경우도 있다.

오피스텔

오피스텔이란 오피스(Office)와 호텔(Hotel)의 기능을 동시에 수행하는 성격으로 인해 붙여진 이름이다.

2. 상가보다는 원룸 다가구 주택

1. 어려운 상권 분석
2. 공실률
3. 세금

⑤ 양도소득세란?

1 어려운 상권 분석

상가주택과 원룸 다가구 주택은 다른 수익형 부동산들에 비해 확실히 수익률이 높다. 투자 가치를 분석하는 데 있어서 어느 쪽이 덜 까다로운가를 기준으로 본다면, 원룸 다가구 주택이 상가 주택보다 훨씬 접근하기가 수월하다.

상가 주택은 1층을 상가로 사용하고, 2층 이상의 층을 주거로 사용하는 경우가 흔하다. 2, 3층 주거용 임대방은 해당 지역의 평균적인 월세 기준에서 크게 벗어나지 않는다.

그러나 상가로 사용하는 1층은 주변 조건과 해당 상가의 특성 등 여러 가지 요인들로 인해, 그 수입과 가치가 천차만별이다. 상가 주택 건물의 가치와 가격은 상권이 얼마나 활성화되어있는가, 그래서 1층 상가가 어느 정도의 월세 수입을 얻어 내는가에 의해 전적으로 결정된다.

상가 주택에 투자하고자 한다면, 투자에 앞서 해당 상가 주택의 상권에 대해 명확하면서도 거시적인 분석이 필요하다.

상권이란 해당 상가들이 끌어당기는 소비자들이 존재하는 영역, 또는 상가들의 영향력이 미치는 범위의 공간을 뜻한다.

상가 주택 투자를 계획하는 단계에서는 반드시 투자하고자 하는 상가 주택에 찾아드는 소비자들이 얼마나 다양하고 많은 범위로 분포되어 있는지를 먼저 따져보아야 한다. 이후, 그 지역에 찾아드는 소비자들이 주로 소비하는 품목이나, 그들의 발걸음과 시선이 머무는 곳에 대한 추가적인 분석이 필요하다.

다수의 소비자들을 확보하고 있는 상가 밀집 지역이라 하더라도 내가 투자하고자 하는 상가의 업종이나 위치, 주변 환경 등이 뒷받침되지 않는다면 수익을 내기 어렵다.

이처럼 상가 주택에 투자할 것을 염두에 두고 있다면, 먼저 넓은 시야에서 상권을 분석한 이후 흔히 말하는 입지에 대해 분석하는 과정을 거쳐야 올바른 '상권 분석'이 이루어졌다고 말할 수 있다.

상가 주택 운영과 처분에서 높은 임대수익과 처분수익을 얻기 위해서는 소비자들에 대한 분석은 물론이고, 해당 지역의 상권을 예측하고 분석해야 하는 것이다.

그러나 상가는 타 부동산들에 비해 확실히 개성이 강하다.

해당 지역은 물론이고 입지와 세부적인 위치, 층수와 방위, 주변 상가, 또 투자 시점 현재 입점된 상가는 무엇인지 등등이 모두 투자 시 고려되어야 할 조건들이다.

해당 조건들을 모두 분석한다 하더라도 어느 때 어느 방향으로 상권이 이동하고 사라질지에 대해선 늘 변수로 존재한다. 번화했던 골목의 상권이 어느새 반대쪽 길목으로 이동한다거나, 패션 골목으로 유명했던 곳에 이와는 상관도 없는 통신 골목이 들어선다거나 하는 경우가 바로 그 증거들이다.

뭘 해도 대박 난다던 명당자리의 상가들은 굳이 임대 시장에 내놓지 않아도 소리소문없이 거래됐었다. 권리금이며, 중개 수수료에 웃돈까지 넉넉히 얹어주며 거래되기 바빴던 그 명당자리가 언제 그랬냐 싶을 정도로 사람들의 발길이 뚝 끊어지고, 임대 플래카드가 몇 달 내내 처량히 나부끼기도 하는 게 상가 시장의 흐름이다.

어디로 튈지 모르는, 그래서 몇 마디로 정의할 수 있는 고정된 투자 방법이 존재하지 않는 것이 바로 상가이다.

성공적인 상가 투자를 위해서는 이동하는 상권을 따라 함께 옮겨 다니거나, 미리 예측해 상권을 선점하거나, 확실하고 기발한 아이디어로 실패 없는 상권을 스스로 만들어내야 한다는 결론에 이른다.

이는 부동산 투자에 뼈가 굵은 베테랑조차도 정확하게 예측하기 어려운 부분이다. 더욱이 일반 투자자들이 이론이 아닌 실전에서 이를 제대로 판단하고 분석한다는 것은 매우 어려울 수밖에 없다. 전문가의 도움을 받든 스스로 결정을 하든 이에 따른 위험 부담은 고스란히 투자자의 몫이 되는 것이다.

그에 비해, 원룸 다가구 주택 선택의 조건은 상가 주택의 경우처럼 전문가적 분석을 필요로 하지 않는다. 또한, 갑작스러운 변수라는 게 존재하지 않기 때문에 상가 투자에 비해 그 리스크가 현저히 적다.

우선 임대 수요자가 많이 분포되어 있는 지역인지를 확인(예를 들어, 번화가, 대학가, 병원이나 공단 주변 등)한다. 지역을 정했다면, 해당 원룸 다가구 주택이 지하철이나 버스 등 역세권과 근접해 있는지(지하철 우선), 건물 주변의 도로 너비는 어느 정도이며, 건물의 방향이나 주차장 상태, 내부 공간의 구조나 동선 등을 확인한다.

언뜻 보면 조건들이 까다롭고 많은 것 같지만, 이는 굳이 전문가의 도움을 받지 않고도 투자자 스스로 조금만 주의를 기울인다면 어렵지 않게 투자 여부를 가늠할 수 있는 조건들이다.

원룸 다가구 주택과 상가 주택의 또 다른 차이점은 바로 공실률이다.

공실률은 수익률을 결정짓는 중요한 요인 중 하나이다.

임대 또는 매매하고자 하는 수요층을 쉽게 확보하여 빈방, 빈집으로 놀리는 횟수와 그 기간이 짧아야 건물주 입장에서는 이득이다. 공실률과 수익률의 공식은 뒤이어도 수차례 언급될 만큼 수익형 부동산에서 놓쳐서는 안 될 부분이다.

2 공실률

　상가 주택은 앞서 얘기했듯이 로열층이라 할 수 있는 1층의 상권이 활성화되어 있거나, 그럴 가능성이 있어야 한다.

　원룸 다가구 주택의 세입자들과 달리 상가 주택의 세입자는 자신이 원하는 수요층들로 주변 상권이 형성되어 있는지, 해당 건물의 위치나 방위, 가격이나 기타 내구성 등 여러 조건들이 두루두루 충족되어야만 있어야 해당 부동산을 선택한다.

　이에 비해, 원룸 다가구 주택의 세입자들은 조건에 대해 훨씬 더 타협적이다.

　거주하고 싶은 위치의 조건은 사람들마다 별반 다르지 않다. 넓고 안전한 곳, 깨끗한 건물 내부, 시원시원한 방 구조, 학교나 직장으로의 뛰어난 접근성, 그리고 저렴한 가격 등은 모두가 원하는 조건들이다.

하지만 여러 차례 집을 구하러 다녀본 세입자들은 이러한 조건들이 한 번에 충족되기란 불가능하다는 것을 익히 알고 있다.

'생각했던 위치는 아니지만 월세가 싸서 마음에 든다'거나, '월세는 조금 부담스럽지만, 직장이랑도 가깝고, 주변에 대형마트나 병원이 있어 좋다'라는 식으로 자신에게 가장 중요한 몇몇의 조건들만 어느 정도 충족되면 선택할 것이란 얘기이다.

어찌 됐든 기존의 계약이 만료되면 당장 먹고 자야 할 새로운 공간을 찾아 나서야 한다는 필수적 목적을 갖고 있기 때문이다. 그러므로 몇몇 조건이 맞지 않더라도 결국 때가 되면 어떤 집이든 선택해야만 한다는 점을 그들 스스로 충분히 인지하고 있다.

원룸 다가구 주택과 상가 주택은 층수별 공실률에서도 확연한 차이를 보인다.

만약, 4층짜리 상가 주택에서 4층만이 주거의 목적으로 사용되고, 나머지 1~3층이 모두 상가용이라면, 공실률은 아마 상상 이상일 것이다.

앞서 얘기한 것처럼 상가 건물의 로열층은 1층이다. 특별히 1층이 아닌 2~3층 또는 지하를 원하는 경우를 제외하고는 1층 이외의 층들은 수요의 부족으로 공실률은 높고, 그 지속 기간도 긴 편이다.

이를 막기 위해 보증금이나 월세를 파격적으로 깎아주는 악순환이 지속되면, 결국 건물 전체의 수익률이 낮아지고, 처분해야 할 때 제대로 가치를 인정받기도 힘들어진다.

주거를 목적으로 하는 원룸 다가구 주택은 층수가 그리 큰 문제가 되지 않는다.

방범을 염려해 낮은 층을 꺼리는 이들도 있지만, 어린 자녀들의 소음 문제로 인해 낮은 층을 선호하는 이들도 있다. 원룸 다가구 주택을 운영하는 데 있어서 층수에 따른 공실률이 존재한다는 얘기는 들어본 적이 없다.

세금

원룸 수익형 부동산과 다른 다수의 수익형 부동산을 비교해 보았을 때, 아파트나 오피스텔 수익형 건물은 건물 토지를 공동으로 분할 소유해야 하고 높은 관리비를 지급해야 한다는 점이 단점이다.

또한, 상가 전용 부동산과 오피스텔 수익형 부동산의 경우 아예 거주가 불가능하거나, 주인이 거주를 하게 되면 여분의 공간이 없어 수익이 창출되지 않을 수 있다.

주거용으로 분류되는 원룸 다가구 주택과 달리 상업용으로 분류되는 상가 및 오피스텔 수익형 부동산은, 양도소득세 및 취득세에 있어서도 많은 불리한 점을 가지고 있기 때문에 잘 따져보아야 한다.

부동산 및 취득의 종류			취득세	농특세	지교세	합계
주택 유상 취득	6억 이하	85㎡ 이하	1.0%	–	0.1%	1.1%
		85㎡ 초과	1.0%	0.2%	0.1%	1.3%
	6억 초과 9억 이하	85㎡ 이하	2.0%	–	0.2%	2.2%
		85㎡ 초과	2.0%	0.2%	0.2%	2.4%
	9억 초과	85㎡ 이하	3.0%	–	0.3%	3.3%
		85㎡ 초과	3.0%	0.2%	0.3%	3.5%
토지 및 건물	유상 취득	주택 외	4.0%	0.2%	0.4%	4.6%
		농지	3.0%	0.2%	0.2%	3.4%
	무상 취득	증여	3.5%	0.2%	0.3%	4.0%
		상속 농지	2.3%	0.2%	0.06%	2.56%
		상속 농지 외	2.8%	0.2%	0.16%	3.16%
	원시 취득		2.8%	0.2%	0.16%	3.16%

	원룸 다가구 주택	상가 수익형 부동산	오피스텔 수익형 부동산
양도소득세	1인 1가구 2년 이상: 비과세	부과	부과
수익률	평균 10% 전후	평균 4% 전후	평균 6% 전후
주거 여부	○	상가주택 : ○ 상가전용 : ×	×

위 표에 제시된 것처럼 부동산 관련 세금은, 취득 시 부과되는 '취득세'와 양도 시 부과되는 '양도세'가 있으며, 이 두 종류의 세금 이외에도 보유 중 부과되는 각종 세금들이 있다.

그중, 2019년 시행이 예정된 부동산 '임대소득' 관련 세금은 건물 소유 중 부과되는 대표적인 세금이다.

이 법에 따르면, 현시점에서 보유하고 있는 건물의 가치(건물 시가), 보유 주택 수, 그리고 그로 인해 얻게 되는 임대소득에 따라 세금 부과의 기준이 달라진다.

1주택을 소유하고 있는 경우, 9억(기준시가) 원 이하는 비과세이나, 9억 원을 초과한 경우는 임대소득이 2,000만 원 이하일 때 비과세이고, 2,000만 원을 초과할 때에는 종합소득과세된다.

2주택을 소유할 경우, 임대소득이 2,000만 원 이하인 경우는 분리과세, 2,000만 원 초과인 경우에는 종합소득과세된다.

소유한 건물이 3주택인 경우 2주택과 그 기준이 동일하나, 보증금의 합계가 3억 원을 초과한다면 초과분에 대해서는 임대소득으로 간주하여 세금을 부과하기로 한다.

'보유 주택 수'라는 기준을 놓고 본다면, 다주택 보유자에게는 불리한 조건이다. 각각을 하나의 주택으로 보는 상가나 오피스텔에 비해 원룸 다가구 주택이 많은 부분에서 세금 혜택을 받을 수 있다.

💲 양도소득세란?

양도소득은 취득할 때의 금액과 처분할 때의 금액 사이에 발생하는 소득을 말한다. 양도소득세란 이때 발생한 소득에 대해 과세되는 것이다.

양도소득과세의 대상은 부동산(건물 또는 토지), 부동산에 관한 권리(아파트분양권 등), 주식 또는 출자지분 등이다. 1세대 1주택이거나, 장기임대주택, 신축주택 취득, 공공사업용 토지 등이 일정 요건을 충족하면 비과세되거나 감면된다.

양도소득세를 신고·납부하는 방법에는 예정신고와 확정신고가 있다.

예정신고는 양도일이 포함되어 있는 달의 말일로부터 2개월 이내로 신고·납부해야 한다. 확정신고는 당해연도 내에 여러 건의 부동산을 양도한 경우에 해당하며, 그 다음 해 5월 1일부터 5월 31일 사이에 신고해야 한다.

예정신고와 확정신고 모두 주소지 관할세무서를 통해 신고하며, 만일 신고가 기한 내에 이루어지지 않는다면, 정부의 결정과 고지를 받게 된다.

신고를 하지 않은 것에 대한 무신고가산세가 20%, 기한 내 납부를 하지 않은 것에 대한 무납부가산세 1일 0.03%씩 추가 부담하게 된다. 또한 양도소득금액을 실제보다 적게 신고했음이 밝혀지게 되면, 신고불성실가산세가 40% 부과된다.

⟨표 1⟩ 2016년도 현재 양도소득세율

구분	과세표준액(원)	세율	누진공제액	적용 시점
1주택자 (비과세요건)	1주택자 보유 기간 : 2년 이상 기존주택 처분 기간 : 3년 이내	대체취득 – 기존주택 취득 후 1년 후에 취득하는 경우에만 처분 기간 3년을 인정		2012.06.29.
단기보유주택자	1년 미만 주택. 조합원입주권	40%	지정지역 내는 10% 추가과세 항구적 적용	2014.01.01.
	2년 미만 주택. 조합원입주권	6~38%		
다주택자	고율의 양도세 부과제도 폐지	6~38%		
2년 이상 보유자 기본세율	1,200만 이하	6%	–	2017.01.01.
	1,200만 초과~4,600만 이하	15%	108만 원	
	4,600만 초과~ 8,800만 이하	24%	522만 원	
	8,800만 초과 ~ 1.5억 이하	35%	1,490만 원	
	1.5억 초과~5억 이하	38%	1,940만 원	
	5억 초과	40%	2,940만 원	
비사업토지	기본세율+10% = 16~48% 적용 (2016.01.01.부터)		장기보유특별공제 적용 보유 기간은 2016.01.01.부터 기산	
중과대상	일반부동산 중 미등기양도 70% 1년 미만 = 50%, 2년 미만 = 40%		장기보유특별공제 배제	

⟨표 2⟩ 양도소득세 필요경비

필요 경비 인정·불인정 항목을 판단하기 위해서는 자본적 지출과 수익적 지출에 대한 이해가 우선되어야 한다.
자본적 지출은 자산이 가지고 있는 가치가 지속가능하도록 그 연수를 연장시키거나, 당해 자산의 가치를 증가시키기 위해 지출한 수선비를 말하는 것이다.
수익적 지출은 가치의 상승보다는 원래의 기능을 유지하기 위한 목적으로 지출된 수선비를 말한다.
자본적 지출 중 공사비만이 필요경비에 포함된다.

필요경비 인정항목	필요경비 불인정항목
취등록세	싱크대 구입비
해당 부동산 매각으로 인한 광고료	은행 대출금 이자비용
양도소득세 신고 작성비용	대출금 해지로 인한 위약금
법무사 등기 수수료	은행 대출시 감정평가비용
중개인 중개수수료	페인트 내외벽 도색비용
보일러 교체비용	벽지 교체비용
불법건축물 철거비용	장판 교체비용
샷시설치비용	보일러 수리비용
방 확장 공사비용	계약 해지로 인한 위약금
소유권 취득에 의한 소송비용	누수로 인한 방수비용
발코니 공사비용	취득세 납부지연에 따른 가산세

〈표 3〉 장기보유특별공제

보유 기간	1세대 1주택	다주택 / 건물·토지	비고
3년 이상 ~ 4년 미만	24%	10%	조합원입주권을 양도하는 경우에는 관리처분계획인가 전의 양도차익에 대하여 장기보유특별공제를 적용 2013.01.01. 개정
4년 이상 ~ 5년 미만	32%	12%	
5년 이상 ~ 6년 미만	40%	15%	
6년 이상 ~ 7년 미만	48%	18%	
7년 이상 ~ 8년 미만	56%	21%	
8년 이상 ~ 9년 미만	64%	24%	
9년 이상 ~ 10년 미만	72%	27%	
10년 이상	80%	30%	

《 양도소득세의 계산절차 》

양도가액	· 양도 당시 실지거래가액 (매매계약서상 거래금액, 실거래신고가액 등)
− 취득가액	· 매매계약서상 실지거래가액 / 증여가액, 상속가액 · 실지거래가액 불확실 시 : 매매사례가액→감정평가액→환산가액 순으로 적용 · 취등록세, 중개수수료 등 취득 부대비용 포함
− 필요경비	자본적 지출액 / *〈 표 2 〉 참고
양도차익	
−장기보유특별공제	*〈 표 3 〉 참고
양도소득금액	양도차익 − 장기보유특별공제
− 기본공제	개인별 연간 250만 원
과세표준	양도소득금액 − 기본공제
× 세율	*〈 표 1 〉 참고
산출세액	과세표준 × 세율
− 감면, 공제 + 가산세 등	
자진납부세액	산출세액 − 감면, 공제액 + 가산세 등

3. 왜 하필 원룸인가

1. 여전히 수요가 공급보다 월등히 많다
  - 여성들의 사회진출
  - 결혼에 따른 경제적 무게감
  - 늘어나는 이혼가정, 기러기 아빠
  - 실버세대
2. 높은 환금성

1 여전히 수요가 공급보다 월등히 많다

과거 우리나라는 2, 3대가 한 지붕 아래에 함께 모여사는 대가족 형태가 대부분이었다.

그러나 세대가 거듭되면서 대가족에서 핵가족으로, 핵가족에서 다시 1인 가구 형태로 급속히 변화해가고 있다.

우리나라 전체 가구에서 1인 가구가 차지하는 비율은 1985년 고작 7%에 불과했다. 그러나 2015년에는 27%를 기록하며 4배에 가까운 증가율을 보였다. 최근 5년 사이에는 1인 가구 수가 500만을 넘어섰으며, 말 그대로 세 집 건너 한 집꼴, 4명 중 1명은 홀로 생활하는 '1인 가구'인 셈이다.

대구 지역 역시 2030년 즈음에는 1인 가구 수가 31만 가구까지 늘어날 것으로 예상하고 있으며, 1인 가구와 2인 가구의 비율은 대구 지역 전체 가구 98만 3천여 가구 중 65%를 훌쩍 넘어설 것으로 예측된다. 우리나라에서 흔하게 볼 수 있었던 4인 가구는 11.2%까지 줄어 1인 가구와 2인 가구 수의 1/5에도 미치지 못할 전망이다.

이러한 흐름은 우리나라보다 먼저 산업화를 시작한 일본의 경우만 살펴보더라도 쉽게 파악할 수 있다. 일본의 경우, 고령화와 저출산으로 인해 이미 오래전부터 1인 가구 문화가 늘어나는 추세였고, 이들을 위한 관련 제도나 주거, 기타 편의 시설들은 이미 보편화되어 있다.

우리보다 훨씬 앞선 시기에 미니아파트라 불리는 원룸밀집건물을 선보였고, '혼밥족'을 위한 1인용 식당, 혼자 간편히 끼니를 해결할 수 있는 즉석식품 자판기 등을 시장에 내놓았다. 이는 일본 내 1인 가구의 규모를 짐작게 하는 부분이다.

왜 이토록 많은 사람들이 전통적인 대가족 제도에서 벗어나 혼자 살기를 선택하는 것일까?

여성들의 사회진출

우리나라 총인구 약 5천만 명 중, 여성 인구는 2,500만 명 이상으로 전체 인구의 50%를 넘어섰다.

늘어난 여성 인구의 비중만큼 그들의 사회 참여 비중도 함께 늘어나고 있다. 현대 여성들은 남성들 못지않은 능력과 학력을 갖추었고, 이를 바탕으로 남성들과 어깨를 나란히 한 채 사회생활을 하고 있다.

실제 지난해 우리나라 여학생들의 지난해 대학 진학률은 74.6%에 이르며, 이는 67.3%를 기록한 남학생들에 비해 7% 이상 높은 수치이다.

또한 과거에 비해 여성들이 좀 더 전문성을 필요로 하는 직업군에 종사하며, 그 활동 분야도 점차 광범위해지고 있다.

초등학교 교사들 4명 중 3명은 여자 선생님으로 그만큼 비중이 높다. 초, 중, 고등학교 교원 중 75%가 여성이며, 대학 전임교원 중 여성의 비율도 23%로 이전에 비해 증가하고 있는 추세이다.

이 밖에 고시나 공채, 의학과 같은 전문 분야에서도 여성들이 자신들의 기량을 펼치고 있다. 해당 분야들은 대부분 채용에 있어 남녀의 차별이 없는 직종이며, 지원 여성들 간의 경쟁률은 점차 높아지고 있다.

현재 여성 고용률은 49%, 남성은 71%로 그 격차가 적지 않으나, 이 같은 성별 고용의 격차는 해가 거듭될수록 감소하고 있다.

여성들은 스스로에 대한 투자와 격려를 아끼지 않으며, 자아실현을 삶의 목표로 삼는다. 든든한 남편과 사랑스러운 아이들, 행복한 가정을 우선순위로 생각하던 그들의 어머니 세대와는 확연히 다른 생각을 갖고 살아가는 것이다.

'결혼은 더 이상 필수가 아닌 선택이다'라는 말이 마치 유행처럼 번지면서, 결혼을 늦추거나, 능력만 있다면 아예 혼자 살기를 주저하지 않는 여성들이 늘어나고 있는 것도 이 때문이다.

결혼을 반드시 해야 한다는 여성의 비율은 미혼 여성의 경우 절반을 겨우 넘길 정도이고, 여성의 초혼 연령은 최근 30대 초반대로 많이 늦추어졌다. 물론 결혼을 결심할 만큼 좋은(마땅한) 사람을 만난다면 생각이 달라질 수도 있겠지만, 결혼과 육아의 부담이 적지 않다.

미혼 여성들을 대상으로 결혼을 하지 않거나 미루는 이유에 대해 설문조사한 결과, '기대치에 미치는 사람이 없어서'라는 응답이 1위로 가장 많았고, 2위는 '결혼할 생각이 없어서', 3위는 '내 일에 더욱 충실하고 싶어서', 그리고 4위는 '결혼과 직장을 병행하기가 어려울 것 같아서'였다.

그들의 응답은 앞서 이야기한 여성들의 고학력, 사회진출과 관련성이 적어 보이지는 않는다. 차라리 혼자 살면서 자신만의 취미와 행복을 찾아 몰두하겠다는 싱글 여성이 늘어남에 따라, 혼자 살게 된 남성들 또한 덩달아 늘어나는 것은 당연하다.

결혼에 따른 경제적 무게감

혼자 살겠다는 여성이 늘었으니, 자의로든 타의로든 혼자 사는 남성들 역시 늘어난 것이 사실이다.

그러나 이들이 결혼에 대해 주저하는 이유는 여성들의 경우와 확연히 달랐다.

그들이 꼽은 결혼을 하지 않거나 미루는 이유 1위는 '소득이 낮아서'였다. 2위는 '아직 집이 마련되지 않아서', 3위는 '결혼 후 생활비가 부담이 되어서', 4위는 '현재 직업이 안정적이지 않아서', 5위는 '결혼 비용이 마련되지 않아서', 끝으로 '아직 직업을 구하지 못해서'가 6위이다.

놀랍게도 그들이 꼽은 1위에서 6위 사이에 경제적 문제와 관련된 답변이 무려 4개이다. 그 나머지 2개의 답변은 취직 문제와 관련되어 있다. 축약해서 말하자면, 남성들은 돈이 없어서 그리고 직업이 안정적이지 못해서 결혼을 망설이거나 늦추고 있다는 것이다.

결혼을 계획하고 있는 우리나라 미혼 남녀들에게 집과 혼수 장만이 큰 부담이라는 것은 부정할 수 없다. 물론 실용적이고 간소한 결혼 문화가 최근 젊은이들 사이에 퍼지면서, 허례허식 없이 실속을 차리는 똑똑한 젊은 커플들도 늘어나고 있다.

그러나 화려한 결혼식과 내 집, 호화로운 예물 등을 결혼의 이미지로 떠올리며 꿈꾸는 이들도 여전히 우리 주변에 존재한다. 그런 호화로운 결혼 이야기는 '제발 남의 나라, 먼 나라 얘기'였으면 하는 미혼 남성들이 적지 않을 것이라고 생각한다.

'취업=수입'이라는 연결고리가 맞아떨어지지 않는 것이 지금의 현실이다.

취직한 후에도 어긋나고 삐걱거리는 악순환의 시행착오를 겪을지도 모른다. 꿈꾸던 직장에서 자신의 재능을 펼치고, 그 노력과 땀의 대가로 돈을 벌고 모으는 것은 수많은 젊은이들의 꿈이며, 어찌 보면 당연한 이치이다.

꿈을 이루기 위해 대도시의 원룸과 쪽방으로 모여드는 그들은 아르바이트할 시간이 아까워 오로지 공부에만 매진한다. 모든 걸 뒤로 한 채 취업 준비와 각종 시험 준비에 수년을 매진한 이들의 주머니 사정이 넉넉할 리 없음은 당연하다. 그러니 원하는 시험에 붙을 때까지 또, 원하는 직업을 얻을 때까지 그들은 좀 더 허리띠를 졸라매게 된다.

그러나 시험에 붙거나 원하는 회사에 채용된다 하더라도 임시직에 얄팍한 월급, 지속적인 야근 등으로 순식간에 형편이 호전되지는 않는다. 이제까지의 마이너스들을 충당하기 위해 얼마만큼의 시일이 소요될지 알 수가 없다.

결국 첫 차, 첫 집 마련을 위해 그들은 좀 더 저렴하고 합리적인 주거 공간을 선택하게 되고, 대도시 1인 가구의 증가에 크게 한몫하게 되는 것이다.

게다가 새로운 일과 꿈을 찾기 위해 다니던 직장을 과감히 그만두는 이들도 적지 않아, 대도시와 인근 학원가는 더 북적이고 있다.

주택 마련과 기타 생활비 등 한 가정의 가장으로서 짊어질 경제적 부담으로 인해, 싱글 남성들은 점점 결혼을 뒤로 늦추며 결혼이라는 장벽을 쉽게 넘지 못하고 있다.

늘어나는 이혼가정, 기러기 아빠

'OECD 가입 국가 중 이혼율 1위',
'해외 유학생 수 세계 3위'.

모두 우리나라를 수식하는 타이틀이다. 통계청에 따르면, 지난 2015년 한 해 이혼한 부부는 총 109,202쌍이다. 이혼이라는 문제가 우리나라에만 국한된 문제는 아니지만, 과거 가부장적이고 보수적이었던 시절을 떠올려 본다면 이혼율 1위라는 타이틀은 다소 충격적이다.

결혼이라는 것은 서로의 재산은 물론, 감정과 가치관, 가족이라는 하나의 울타리를 공유해야 하는 것이다. 그러나 대가족에서 분리되어 어느새 혼자 살기에 익숙한 이들에게, 내 것과 너의 것을 구분하지 않고 모든 것을 함께 나누라는 것은 말처럼 그리 쉬운 일이 아니다.

또한, 예전과 달리 이혼을 생각하는 당사자들, 그리고 이혼한 이들을 바라보는 주변 사람들의 인식들이 많이 너그러워졌고, 가족을 위해 무조건적으로 참고 희생하기보다는 개인의 행복을 추구하는 것이 우선되어야 한다는 식의 인식도 이혼율을 높이는 원인으로 작용하고 있다.

이렇게 이혼과 관련된 여러 문제들이 대한민국의 사회적 이슈로 떠오르기 시작한 것은 이미 오래전의 일이다. '돌싱(돌아온 싱글)'이라는 신조어를 만들어내며, 홀로서기를 외치는 사람들이 늘어나고 있다.

스스로를 억압했던 결혼 생활에서 벗어나 작지만 자신만을 위한 공간을 마련하고, 그 안에서 해방감을 느낀다는 그들의 이야기는 주변에서도 어렵지 않게 들을 수 있다.

부인과 자식들을 해외로 보내고, 가족들의 생계를 책임지며 홀로 쓸쓸히 살아가는 '기러기 아빠'는 1인 가구에서 많은 부분을 차지하고 있지는 않다. 그러나 가파른 급증세를 나타내고 있다.

주로 동양권에 기러기 아빠, 기러기 엄마들이 많은 이유는 자식들의 행복과 미래를 위해 헌신하고 희생하는 것이 부모로서의 도리이며, 자식을 사랑하는 최고의 방법이라고 생각하기 때문이다.

해외 유학생 수 조사 결과에서 1위 중국, 2위 인도, 3위 한국으로 나타나는 것도 이러한 동양식 자식 사랑법이 주된 원인이라 할 수 있다.

기러기 아빠들 대부분은 해외에 나가 있는 아내와 자녀들에게 더 안락한 환경을 제공해주고자 본인에게 소비되는 지출은 최소화한다. 관리비나 유지비, 청소 등에 대한 부담을 이유로 불필요한 주거 공간을 축소해 나가며 1인 가구 대열에 동참하는 것이다.

실버세대

2005년 65세 이상의 인구는 전체 인구의 9.3%로 약 460만여 명이었다. 5년 후인 2010년에는 11%를 돌파했고, 지난 2015년에는 13.1%를 기록

하며, 전국 모든 시·도의 고령 인구는 평균 7%를 넘어섰다. 1~2년 후 즈음에는 고령 인구가 유소년 인구를 앞지를 것이라는 관측도 있다.

2013년과 2015년에 방송된 '꽃할배'들의 여행기는 실버세대들이 얼마나 건강하고 트렌드한가를 잘 보여주는 하나의 실례이다. 6~70대 할배들이 멋스러운 선글라스에 배낭을 둘러메고, 해외 곳곳을 누비며 여행하는 모습들은 과거 떠올리기 힘든 광경들이었다.

그러나 현재, 환갑은 더 이상 잔치할 거리가 되지 않을 만큼 평균 수명이 눈에 띄게 연장되었다. 현대 의학의 발전과 규칙적 운동, 건강한 식생활들은 단지 오래 사는 것에 그치지 않고, 건강하고 윤택하게 살아갈 수 있도록 그들의 생활을 바꾸어 놓았다.

바야흐로 '100세 시대'가 눈앞에 펼쳐졌고 노인층은 점차 늘어나고 있다. 몸도 마음도 건강한 그들은 구태여 자녀들에게 의지하지 않고 자신들만의 삶을 꾸려나간다. 예전보다 독립의 시기가 빠른 젊은 세대들 역시 부모를 부양하며 함께 살아간다는 것에 대해 과거와는 다른 인식을 갖고 있다.

그러다 보니 노부부가 단둘이 살아가는 2인 가구, 배우자와 사별한 후 자녀들에게 기대기 싫어 혼자 살기를 결심하는 노인 1인 가구들이 늘고 있는 것이다.

물론 그들의 통장 사정은 제각각 다를 수 있겠지만, 더 이상 경제적 활동을 하지 않는 상황에서 자식들에게 의지하지 않고 집값이나 생활비를 감당하는 것은 큰 부담일 것이다.

그런 그들이 일순위로 떠올리는 절약방법은 바로 주거 공간의 축소이다. '기러기 아빠들'의 경우와 마찬가지로 혼자 또는 둘이 살기에 지나치게 크거나 불필요한 주거 공간들을 처분하고, 최소한의 규모로 줄여나가고 있는 것이다.

실제로 실버세대들은 1인 가구 전체 비중에서 34%로 상당 부분을 차지하고 있으며 이는 점차 늘어날 전망이다.

1인 가구가 점차 늘어나고 있음은 이미 국가적 차원에서도 인식되고 있는 부분이다. 최근 정부와 기업 그리고 투자자들이 그들을 겨냥한 여러 가지 정책과 복지, 상품들을 제시하고 있음을 보더라도 이 점은 쉽게 알 수 있다.

현 정부가 수립될 당시, 내놓은 주택 공략 중 '행복주택'이라는 것이 있다. 주머니가 가벼운 대학생들이나 사회초년생들을 위해 정부가 싼 가격으로 임대하는 원룸형 아파트가 그것이다.

그 밖에 LH가 선보인 작은 평수의 임대주택과 기존의 주택을 공동 주거 목적으로 개조해 만든 임대전용주택, 그리고 여러 입주 세대가 거실과 주방을 공유하며 주거할 수 있도록 지어진 두레주택(셰어하우스) 등 역시 현 부동산 시장이 1인 가구 증가에 얼마나 집중하고, 그에 발맞춰 변화하고 있는지를 잘 보여주는 예들이다.

　소형 가전제품, 다양한 종류의 1인용 즉석식품, 도시락 메뉴, 1인승 전기자동차, 솔로를 위한 여행 상품, 혼밥, 혼술, 혼놀 등은 모두 1인 가구를 타깃으로 한 상품들과 마케팅 용어들이다.
　소비 시장의 큰손님으로 급부상하고 있는 1인 가구의 소비 지출은 2010년 60조 원에서 2020년 120조 원으로 껑충 뛰게 될 것이라고 산업연구원은 전망하고 있다.
　1인 가구의 사연은 제각각이겠으나, 혼자 사는 그들을 위한 '주거, 통신, 교통, 치안, 의료' 등의 변화를 살펴보면, 현 사회가 그들을 중요한 고객으로 여기고 있음을 확연히 느낄 수 있다.

2 높은 환금성

현대인들은 복잡하고 바쁜 일상을 살아간다. 현실에 지친 그들에게 필요한 공간은 단순히 먹고 잠자는 '집'이 아닌, 휴식과 여가 개념의 '안식처'이다.

'고단했던 하루의 심신을 힐링할 수 있는 공간'으로 '집'에 대한 패러다임이 완전히 변화한 것이다.

그 때문인지 개성 없고, 삭막한 고층 아파트는 현대인들에게 그리 후한 점수를 얻지 못한다.

그 차선책으로 찾게 되는 주택 역시 만족스럽지 못하기는 마찬가지이다. 적게는 20년에서 많게는 3~40년 이상의 노후된 주택들은 터를 허물어 새로 짓지 않는 한, 거주하는 내내 쓸고, 닦고, 보수해야 할 부분들이 한두 군데가 아닐 것이다.

이 외에도 주택이 꺼려지는 이유로 가장 먼저 떠올려지는 것이 치안과 난방이다.

아파트처럼 경비나 기타 관리 시스템이 체계적으로 갖춰져 있는 것도 아니고, 또한 외풍에 대한 단열이 허술한 경우가 많아 해마다 겨울이면 난방비 걱정에 마음 놓고 따뜻하게 지낼 수도 없다.

골목길 내 턱없이 부족한 주차공간은 1인 1차 시대인 요즘 종종 주택 거주자들 사이의 큰 다툼으로 번지기도 한다.

이러한 주택의 단점들로 인해 아파트는 주거 공간들 중에서도 줄곧 선호도 1순위이며, 그 수요는 늘 평균 이상을 유지하고 있다.

호황기에는 '아파트가 곧 현금이다'라는 말을 하기도 한다. 교통이나 학군 등 주변 환경 조건이 어느 정도 갖추어져 있다면, 환금성이 부족한 부동산의 한계도 아파트에 있어서는 무시될 정도이다.

상가 주택과 원룸 다가구 주택은 우수한 환금성으로 인해 아파트 다음으로 주목받고 있는 투자처이다. 주거와 투자의 목적을 동시에 달성할 수 있다는 점이 이 두 수익형 부동산의 가장 큰 매력이다.

그러나 근래 1인 가구가 점차 늘어나고 있음에 집중해 본다면, 과거 2, 3세대가 함께 거주하도록 크게 지어진 상가 주택은 원룸 다가구 주택에 비해 임대 수요가 그리 많지 않을 것이다.

한 개 층을 세분화하여 여러 가구가 사용하면서 동시에 수익을 창출하도록 지어진 원룸 다가구 주택이 간소하게 살고자 하는 1인 가구에 더 적합한 주거 형태이고, 그로 인해 수요 증가에 대한 기대치가 높다.

게다가 원룸 건물 내외부의 단열 기준은 점차 강화되고 있으며, 해당 건물의 가구 수에 비례하여 주차 공간을 확보하도록 규제하고 있다.

위 사항들은 원룸 건축에 대한 인허가를 받기 위해서 필수적으로 요구되는 항목들이므로, 주택들이 기존에 갖고 있던 몇몇의 단점들이 원룸 다가구 주택에 와서는 점차 개선되어 가고 있음을 알 수 있다.

또한, 왠지 불만스러웠던 아파트 관리비에 대한 부담, 빽빽한 고층 아파트 단지가 주는 답답함 등 아파트라는 공간이 주는 거부감에서 벗어났다는 것 역시 원룸 다가구 주택의 장점이다.

원룸 다가구 주택이 이처럼 높은 수익과 안정성을 지녔음에 불구하고, 은퇴한 실버세대가 노후 대책으로 퇴직금을 투자하는 등 일부 투자자들만 관심을 보였던 투자처였다. 그러나 최근에는 재테크에 관심이 많은 젊은 수요층들이 원룸 다가구 주택에 눈을 돌림으로써 그 수요층이 기하급수적으로 늘고 있는 게 현실이다.

신혼부부에게 아파트보다는 원룸 다가구 주택을 매입하는 게 어떻겠냐고 조언하는 사람들도 어렵지 않게 볼 수 있다.

아파트를 권하는 이들은 우선 대출받아 조금씩 갚아나가다 보면 어느새 아파트 한 채가 내 것이 되지 않겠느냐고들 말한다. 그렇지만, 월급쟁이들에게 원금 상환은 그리 쉬운 일이 아니다. 매달 은행에 이자 갖다 바치느라 청춘을 허비했다는 경험담을 다들 들어본 적 있을 것이다.

그러니 어차피 대출을 받기로 결심이 섰다면, 이왕이면 세입자들이 내는 월세로 대출 이자를 갚고, 혹시 차익이 있다면 따로 챙길 수 있는 원룸 다가구 주택이 훨씬 더 이득일 수밖에 없다. 월급은 고스란히 챙기면서, 공짜로 주거를 해결할 수도 있다는 점들은 결코 무시할 수 없는 '덤'이다.

많은 투자자들의 구미를 당기는 원룸 다가구 주택의 투자 가치로 인해 최근에는 아파트 다음으로 환금성이 높다고 평가되고 있다.

4. 월세 세입자가 늘고 있다

1. 주택가격 상승
2. 물가 상승의 지속

1 주택가격 상승

　서울 지역에 거주하는 30대 세대주들 중 88%가 전세살이·월세살이에서 벗어나지 못하고 있다. 30대 세대주 10명 중 오직 1명만이 자신의 집을 소유하고 있다.
　서울 시민의 절반이 부채를 안고 살아간다는 보도 자료가 있다. 그 부채의 대부분이 주택으로 인한 것임은 어느 누구도 부인하기 어려울 듯하다.
　2015년 통계에 따르면, 우리나라 전세 가구는 3년 사이 49.5%에서 45%로 감소했다. 이에 반해, 월세 가구는 같은 기간 50.5%에서 55.0%로 증가하는 추세이다.
　왜일까?

수요자들이 몰리는 주요 도시나 그 밖의 생활 편의 지역의 주택가격은 꾸준히 상승하고 있고, 이로 인해 전세가격도 함께 상승하고 있다. 주택을 매입하는 비용과 전세금 사이의 격차가 크지 않은 곳도 부지기수다.

저소득층, 그리고 부모로부터 갓 독립한 젊은 세대들이 감당하기에는 주택 매입대금도, 전세대금도 한층 더 부담스러워진 것이다.

이제 슬슬 내 집 마련을 준비해야 할 젊은 세대들 대부분은 극심한 실업률로 인해 사회로의 진출이 늦어지고, 취직을 하더라도 실질 임금의 상승폭이 크지 않아 자금이 여유롭지 못하다.

이와 더불어 국내 경기는 정체를 거듭하고 있고, 금리가 내렸다고는 하나 금융기관의 대출 기준은 사회생활 초년생에게는 깐깐하기만 하다.

집 장만의 꿈은 일찌감치 접고 임대의 형태로, 그중에서도 월세로 주거 문제를 해결하고 있는 젊은 세대들은 상당수이며, 이는 앞으로도 꾸준히 늘어날 것으로 전망된다. 그 비율이 지난 10년 사이 19.4%에서 41.5%로 증가한 관련 통계 자료가 이런 점을 잘 보여주고 있다.

미국의 밀레니얼 세대(1980~2000년대 초 출생 세대)는 전 세계에서 가장 주목받았던 이들이었다.

전 세계 소비 시장의 1/3가량을 점령한 주요 소비자이며, 20년 후면 전체 노동인구의 75%를 차지할 것이라는 기대 때문이다.

이들은 탄생하는 그 순간부터 하루 24시간 온갖 전자 매체에 둘러싸여

성장해왔으며, 신기술에 능통하고, 실시간으로 온라인 소통이 가능한 창의적인 세대이다.

역사상 가장 높은 교육의 혜택을 누렸던 세대이나, 해당 학위를 수여하기 위해 그만큼 부채가 많아졌고, 한창 수입을 올려야 할 시기인 2000년 후반 글로벌 금융위기를 만나는 등 물질적 궁핍에서 재빨리 벗어나지 못하고 있다.

집을 사고자 하는 뜻은 있으나, 좀처럼 줄어들지 않는 부채와 미미한 수입, 그리고 끊임없이 솟구치는 집값의 상승으로 내 집 마련의 꿈에 좀처럼 다가서질 못하는 것이다. 이는 일본은 물론, 유럽 주요 국가들에서도 공통적으로 발생하고 있는 현상이다.

② 물가 상승의 지속

물가가 이토록 꾸준히 오르기만 하는 이유는 무엇일까?

우리는 '돈'을 중요시하는 자본주의 사회에서 살아가고 있다.

어느 한 시점, 시중에 유통되고 있는 돈의 양을 우리는 '통화량'이라 한다. 통화량이 늘어나면 돈의 가치가 떨어지고, 이는 물가 상승으로 이어진다. 이 현상이 바로 '인플레이션'이다.

물가는 사회, 경제, 문화 전반의 영향을 받는 것이라 유동적일 수밖에 없다. 물가가 오를 때도 있지만, 내릴 수도 있다는 것이다. 그러나 이는 어디까지나 이론적인 내용일 뿐, 자본주의 현실에서 물가는 절대로 내려가지 않는다.

90년대 초 우리들에게 친숙한 과자인 '새우깡'은 당시 300원이었다. 그

런데 요즘 새우깡 가격은 무려 4배나 오른 1,200원이다.

여기서 알 수 있듯이, 물가라는 것은 오르기는 쉬워도 내리는 경우를 찾아보기는 힘들다. 그 원인을 단순히 원자재 가격의 인상 때문으로 생각할 수도 있겠지만, 실제로는 훨씬 더 복잡하다.

물론 원자재 가격이 오른 것은 맞다. 그러나 원자재 가격이 오르게 된 배경에는 통화량의 증가가 있다.

통화량이 늘어나면, 돈에 대한 희소성이 떨어진다. 돈의 값어치가 떨어져 물가는 오르고, 같은 돈이라 할지라도 그 돈으로 살 수 있는 상품과 서비스가 예전에 비해 많이 줄어들게 된다. 원자재는 물론이고, 인력이나 설비 및 유통에 이르기까지 생산 공정에 필요한 모든 비용이 상승할 수밖에 없다.

'물가의 안정세'나 '물가의 하락'이라는 언론의 보도 내용들은 대부분 일시적이거나, 잠깐의 정체를 이야기할 뿐, 넓게 바라봤을 때 물가는 단 한 번도 하락한 적이 없다는 말이다.

물가가 꾸준히 상승세를 보인다는 것은 통화량이 꾸준히 늘고 있다는 의미이며, 통화량이 지속적으로 늘고 있다는 것은, 은행이 새로운 화폐를 계속해서 발행해 시중에 유통시키고 있음을 말한다.

물론 통화량을 줄인다면, 그에 상응하는 만큼은 물가가 떨어질 것이다. 그리고 이는 정부와 은행이 통화량을 조절함으로써 해결할 수 있는 부분이다.

그럼에도 불구하고 통화량이 지속적으로 늘어나는 배경에는 '은행의 이자'가 있다.

1,000만 원을 은행에 예금했다고 가정했을 때, 은행은 예금자에게 1,000만 원에 대한 이자를 연 2%로 지급하기로 한다. 1년 후, 예금자에게 돌아가는 현금은 1,020만 원이다. 1년 전 존재하지 않았던 20만 원이라는 돈이 창출되었다.

은행의 경우, 예금자에 의해 맡겨진 돈 1,000만 원 중, 지급 준비금(정부지정/평균 3~4%)인 30만 원을 제외한 나머지 970만 원을 다른 개인이나 기업에게 약 4%의 연 이자율로 대출이 가능하다. 1년 후, 채무자는 원금 970만 원과 이자 38만 원을 포함한 금액인 1,008만 원가량을 은행에 납부해야 한다. 빌린 원금 970만 원을 제외하고, 38만 원이라는 돈이 창출되었다.

위의 2가지 경우 모두 '이자'라는 구조를 통해 총 58만 원이라는 돈이 새롭게 창출되었다.

은행에 누군가가 돈을 맡기거나 빌려 가는 과정에서 반드시 발생하는 '이자'라는 것은 실제로는 존재하지 않는 돈이다.

그러므로 은행은 이자를 대체할 수 있는 화폐를 추가로 찍어낼 수밖에 없고, 그 결과 유통되는 화폐의 양이 늘어나는 것이다. 정부와 은행이 통화량을 늘릴 수밖에 없다는 것은 바로 이와 같은 자본주의 시스템 때문이다.

보이지 않는 돈의 흐름 속에서 새로운 돈이 창조되는 것이 바로 현 사회이다.

5. 경매로 취득하는 원룸 다가구 주택

1. 경매란?
2. 권리분석과 명도
3. 경매 물건의 득과 실
4. 경매 절차
– 경매 신청 및 경매개시결정
– 배당요구의 종기결정 및 공고
– 매각 준비
– 매각 및 매각결정기일의 지정, 공고, 통지
– 매각 실시

– 매각결정절차
– 매각대금의 납부
– 배당절차
– 소유권이전등기 등의 촉탁
– 인도 명령
5. NPL(부실채권)
– NPL(부실채권)의 등장 배경
– NPL 처분

1 경매란?

비교적 안정적인 수입이 보장되는 원룸 다가구 주택의 인기는 나날이 높아지고 있다.

대부분의 구매자들은 투자한 자본에 비해 높은 수익을 얻고자 하는 심리를 가지고 있다. 시세보다 낮은 가격을 기대해 볼 수 있는 경매 시장에 투자자들이 발을 들여놓는 것 또한 이러한 심리의 작용이다.

그러나 경매 시장의 물건이 무조건 시세보다 싸다는 공식만을 가지고 무작정 뛰어들었다가는 큰 손실을 입을 수도 있다.

경매가 어떤 성격의 시장에서 어떤 절차에 의해 이루어지는지 알고 넘어갈 필요가 있다.

경매는 강제 경매와 임의 경매로 나누어 설명할 수 있다.

채무자가 약속한 기일까지 채무금 변제의 의무를 이행하지 않으면, 강제 집행의 권원을 가진 채권자는 법원에 채무자의 일반 재산에 대해 압류, 환가를 신청할 수 있다.

이후 법원에 의해 강제 매각된 채무자의 재산에서 채권자 자신의 금전적 권리를 회수하여 만족을 얻게 되고 이를 강제경매라 한다. 확정된 종국판결, 지급명령, 각종 조서, 집행 증서 등이 이에 해당한다.

이와 달리 임의 경매는 법원의 별도 확인이 필요하지 않다.

채권자가 가진 저당권 등 담보물권은 채무자가 약속한 날까지 채무금 변제의 의무를 이행하지 않을 시 곧바로 채권자가 채무자 소유의 부동산을 경매 처분해도 좋다는 쌍방 간의 합의를 전제로 설정된 권리이기 때문이다.

따라서 곧바로 경매를 신청할 수 있고, 매각대금에서 타 채권자들보다 우선하여 자신의 채권을 회수할 수 있다. 담보물권에 해당하는 저당권, 전세권, 담보가등기 등에 기한 경매는 임의경매에 속한다.

2 권리분석과 명도

경매를 통해 원룸 다가구 주택을 구매하고자 한다면, '권리분석'과 '명도'를 중점적으로 살펴봐야 한다.

입찰가는 이 두 가지 측면에 대한 분석을 토대로 책정되므로, 경매 투자의 성공 여부를 결정하는 핵심 요소들이라 하겠다.

투자자는 우선 내가 낙찰받을 물건과 관련하여 어떠한 권리들이 소멸될 것인지, 또는 소멸되지 않고 떠안아야 할 권리들은 어떤 것들이 있는지를 꼼꼼히 따져 봐야 한다.

경매에서 가장 중요하다는 '권리분석'이 바로 이것이다.

말소기준권리보다 선순위에 있는 권리들은 낙찰자에게 인수되며, 후순위에 있는 권리들은 소멸된다.

선순위에 있는 권리 중 '유치권, 법정지상권, 예고등기' 등은 항상 인수되고, 말소기준권리보다 선순위 권리라 하더라도 전세권자의 배당요구로 인해 매각되면 경우라면 해당 권리가 소멸되기도 한다.

소멸될 것으로 분석했으나 소멸되지 않고 남아 손해를 입히는 권리들이 있을 수도 있고, 인수될 것으로 분석했으나 인수되지 않아 오히려 이득을 가져다주는 권리들이 있을 수도 있다.

권리 분석이라는 것 자체가 투자 수입에 지대한 영향을 미치는 데도 불구하고 정확하게 분석하기가 어려워 신중에 또 신중을 기해야 한다. 그러나 아무리 신중히 처리한다 하더라도 일반 투자자들에게는 어려운 부분인 게 사실이다.

경매 대상에 대한 '권리 분석' 이외에도 '명도'의 난이도와 그에 따른 추가 비용 등을 고려해야 한다.

경매 낙찰자는 해당 부동산의 소유권을 취득한 후, 자신의 권리를 행사하기 위해 기존의 점유자들을 내보내야 하는데, 이를 '명도'라 한다.

협상을 통해 원만히 인도받는 경우도 있겠으나, 내용증명을 보내야 한다거나 강제인도집행, 명도소송 또는 형사책임과 같이 법정인 과정을 거쳐 명도를 해야 하는 경우가 발생하기도 한다.

시간적, 금전적 손실을 예방하기 위해서라도 협의를 통해 원만히 해결하는 것이 가장 이상적이다.

그러나 원룸 다가구 주택은 최소 8~9가구 이상으로 이루어져 임차인이 다수이고, 그 권리관계도 복잡하다. 혹시나 전 주인과의 관계에서 금전적 손실을 입은 임차인이 있기라도 하다면, 이는 그저 인간적인 이해와 배려만으로 접근하기가 어렵다.

낮은 가격에 기분 좋게 낙찰받았으나, 권리분석이 제대로 이루어지지 않아 손해를 입는다거나 또는 명도 과정에서 골치를 썩이게 될 수도 있다. 거기다 예상치 못한 이사비 지원이나 월세 수입의 지연, 훼손된 건물 복구 비용 등으로 인해 현 시세보다 더 비싸게 구매한 꼴이 되는 경우도 적지 않다.

따지고 보면 뭐든 거저 얻어지는 것은 없다.

3
경매 물건의 득과 실

　원룸 다가구 주택의 경우, 은행을 통한 융자금과 세입자들의 전세금 및 보증금을 제외한 30, 40% 정도를 순수 자기자본으로 충당하여 매입하는 경우가 대부분이다.

　경매로 넘어온 물건 모두가 그런 것은 아니겠으나, 불리한 위치, 부족한 임대 수요 등의 이유로 인해 공실률이 높을 수도 있겠다는 가능성을 절대 배제해서는 안 된다.

　쳇바퀴 돌듯 아무 탈 없이 잘 운영되는 원룸 다가구 주택이라면, 특별한 상황 아니고서는 경매 시장에 내놓을 이유가 없지 않겠냐는 게 그 이유이다.

　딱히 목이 좋지 않더라도, 원금 정도는 챙기고 털어낼 수 있다는 게 원룸 수익형 부동산이 가진 큰 이점이다. 월세 수입으로 은행 이자만 충당된다면, 어느 정도 운영은 되기 때문이다.

그럼에도 불구하고 법적인 절차를 밟으며 굳이 경매 시장까지 내놓게 되었다면, 소유자나 해당 부동산, 둘 중 하나는 분명히 치명적 단점을 가지고 있을 거라고 생각한다.

먼저 그 원인을 해당 부동산에서 찾아본다면, 임대가 잘 안 되는 건물일 가능성이 크다.

여러 가지 조건들로 인해 공실률이 높고, 그로 인해 월세 수입이 일정하지 못하고 불안정했을 것이다.

게다가 공실이 지속되는 기간까지 길어진다면, 은행 융자금에 대한 월 이자는 고스란히 건물주가 감당해야 한다. 설상가상으로 기존에 있던 세입자마저 방을 빼겠다고 하면, 전세금 또는 보증금과 같은 목돈을 건물주가 직접 내어주어야 한다.

이런저런 문제들로 일반 부동산 시장에서 매매가 불가능했던 물건이라면, 낙찰을 받더라도 이후 차익을 남기고 처분하기는 힘들다.

'시세보다 싸길래'라는 이유로 무턱대고 경매받았다가는 이전 주인이 겪었을 문제점들을 고스란히 떠안으며, 똑같은 악순환을 겪게 될지도 모른다.

물론 위치나 수익률 모두 훌륭한데, 전 소유자 개인의 금전적인 문제로 인해 경매에 부쳐진 물건들도 있다.

이 경우, 앞서 말한 권리분석과 명도의 과정을 꼼꼼히 거친다면, 시세보다 낮은 금액으로 낙찰받아 성공적 결과를 얻어내는 것이 가능하다.

그러나 그런 물건들은 찾기 힘들 뿐 아니라 다른 투자자들이 몰려들어 경쟁이 치열하다.

원룸 다가구 주택의 최대 이점인 '월세 수입과 시세 차익'이 불확실하다고 볼 수 있는 경매 시장에서 굳이 모험을 해보라고 권하고 싶지는 않다.

기존 시장 속에서 공증받은 물건들을 수소문해 보는 것이 조금은 더 안전한 선택이라고 생각한다.

4. 경매 절차

경매 신청 및 경매개시결정

여러 이유로 채권자는 해당 부동산 소재지의 관할 법원에 경매를 신청한다.

경매 신청을 받은 법원은 경매개시결정을 한 후 해당 부동산을 압류하고, 관할 등기소에 경매개시결정과 관련해 기입등기할 것을 촉탁한다. 등기관에 의해 등기사항증명서에 기입등기가 되면, 해당 정본은 채무자에게 송달된다.

신청인은 채권자와 채무자의 성명과 주소, 부동산의 표시, 회수하고자 하는 청구금액, 집행할 수 있는 채무자 명의, 집행법원 등을 강제경매신청서에 기재해야 하며, 반드시 기명·날인하여야 한다.

배당요구의 종기결정 및 공고

경매 신청 및 경매개시결정 단계가 모두 끝났다면, 채권자는 반드시 배당요구의 종기까지 배당요구를 해야 한다.

법원은 압류의 효력이 발생한 때로부터 1주일 이내에 채권자들이 배당요구를 할 수 있는 종기를 결정하고, 날짜가 정해지면 즉시 경매개시결정의 취지와 배당요구 종기를 공고한다.

배당요구에 따라 매수인이 인수해야 할 부담이 바뀌는 경우, 배당 요구를 한 채권자는 배당요구의 종기가 지난 뒤 이를 철회하지 못한다. 채권자는 배당요구의 종기까지 배당요구를 반드시 하여야 배당을 받을 수 있으며, 만약 이를 이행하지 않았다면 선순위 채권자라 하더라도 배당을 받을 수 없게 된다.

또한, 자신보다 후순위 채권자가 본인보다 앞서 배당받는다 하더라도, 이를 내용으로 하는 별도의 소송으로 부당이득반환청구를 할 수는 없다.

반드시 배당요구 종기까지 배당요구를 해야 하는 채권자에는 법령상 집행력의 권한을 가진 자, 민법·상법 기타 법률에 의해서 우선변제청구권을 가지고 있는 자('주택임대자보호법' 및 '상가건물임대차보호법'에 의한 소액임차인, 확정일자부임차인, '근로기준법'에 의한 임금채권자 등), 경매개시결정기입등기 이후에 가압류를 신청한 자, 국세(국민의료보험법, 산업재해보상보험법, 국민연금법) 징수와 관련해 청구권을 가진 자 등이 있다.

이와 반대로 배당요구를 하지 않아도 배당을 받을 수 있는 채권자에는 경매개시결정등기 신청 이전에 등기를 이미 마친 담보권자, 가압류권자, 임차권등기권자, 체납처분에 의한 압류등기권자 등이 있다.

매각 준비

경매개시결정 이후, 집행법원은 입찰의 방식으로 경매 목적물의 매각대금을 조성하기 위한 단계로 접어든다.

경매 목적물의 현 상황, 점유관계, 차임 또는 임대차 보증금의 규모 등의 현황 조사를 명하고, 감정인이 제시한 평가액을 참조하여 최저매각가격을 정한다.

집행법원은 부동산의 표시 등 일정한 사항을 기재한 매각물건명세서를 작성하고, 이를 현황조사서 및 감정평가서의 사본과 함께 법원에 비치하여 매각기일의 1주일 전까지는 누구든지 볼 수 있도록 한다.

집행법원은 경매개시결정 이후, 조세 기타 공과를 주관하는 공무소에 대하여 목적부동산에 관한 채권의 유무와 한도를 일정한 기간 내에 통지하여 줄 것을 최고한다.

또한, 등기사항증명서에 기입된 부동산 위의 권리자 등에 대하여는 자신의 채권 원금, 이자, 비용, 기타 부대채권에 관한 영수증을 매각 결정기일 전까지 제출할 것을 경매개시결정일로부터 3일 내에 최고한다.

매각 및 매각결정기일의 지정, 공고, 통지

집행법원은 공과주관 공무소에 대한 통지, 현황조사, 최저매각가격결정 등의 절차를 끝내고, 경매절차를 취소할 사유가 없다면 입찰명령을 한 후, 직권으로 매각기일을 정해 이를 공고한다.

최초의 매각기일은 공고일로부터 14일 이상의 간격을 두고 정하게 되고, 이와 동시에 직권으로 매각결정기일을 매각기일로부터 7일 이내로 정한 다음 공고한다.

매각기일과 매각결정기일이 정해졌다면, 이를 이해관계인들에게 통지하고, 통지는 이해관계인들의 주소로 등기우편 발송한다. 이런 경우, 집행법원이 통지가 발송한 시점을 기준으로 송달된 것으로 간주한다.

매각 실시

입찰희망자는 법원 직원으로부터 입찰표와 입찰봉투를 교부받는다.

입찰봉투는 흰색의 작은 봉투와 황토색의 큰 봉투 두 가지가 있는데, 매수보증금을 흰색 봉투에 넣은 후, 이를 입찰표와 함께 황토색 봉투에 넣는다.

집행관은 매각 기일, 매각 장소 누구나 쉽게 볼 수 있도록 매각사건목록을 작성하여 비치 또는 게시한다.

매각결정절차

법원은 매각기일로부터 일주일 이내에 매각결정기일을 정한다.

이후에 매각결정기일을 열어 매각 허가에 관한 이해관계인의 진술을 듣고, 매각 허가에 대해 이의가 없다고 인정되거나 직권으로 이를 불허가할 사유가 없다고 인정되면 매각허가를 결정한다. 만약 불허가결정사유가 있다면 불허가 결정을 한다.

이 두 결정 모두 선고한 때 효력이 생기며, 이는 게시판에 공고할 것을 필요로 하며 별도로 송달하지는 않는다. 이해관계인 등은 직접 방문하거나 전화로 그 여부를 확인하여야 한다.

매각대금의 납부

매각허가결정이 확정되면, 법원은 확정일 또는 상소법원으로부터 기록 송부를 받은 날로부터 3일 안에 대금지급기한을 정하고, 매수인과 차순위 매수신고인에게 통지한다.

대금지금 기한은 매각허가결정이 확정된 날로부터 1개월 이내의 날로 정하여야 한다. 매수인은 대금지금 기한 안에는 언제든지 대금을 납부할 수 있다.

배당절차

매수인이 기한 내에 매각대금을 완납하면, 법원은 배당기일을 정하고 이해관계인과 배당을 요구한 채권자에게 통지해 배당한다.

채권자 개개인은 배당요구의 종기일까지 채권의 원금, 이자, 비용 기타 부대채권의 계산서를 법원에 제출해야 한다.

만일 제출하지 않은 경우, 법원은 배당요구서 기타 기록에 첨부된 증빙서류를 토대로 채권액을 계산하며, 계산서를 제출하지 않은 채권자는 배당요구종기일 후에 채권액을 보충할 수 없다.

소유권이전등기 등의 촉탁

대금을 완납한 매수인은 해당 부동산의 소유권을 취득하게 된다.

매수인이 필요한 서류를 모두 제출했다면, 집행법원은 관할 등기소에 매수인 명의의 소유권이전등기, 매수인이 인수하지 아니하는 부동산에 관한 부담의 말소등기를 촉탁한다.

이때 발생하는 등기 비용은 매수인이 부담해야 하며, 비용에 따른 서류들을 제출하면 집행법원은 매각허가결정등본을 첨부하여 소유권이전등기 등을 등기관에 촉탁한다.

인도 명령

위의 절차를 모두 마쳤다면 이제 해당 부동산의 실 소유자는 매수인이 된다. 이로써 해당 부동산을 인도할 것을 채무자에게 직접 요구할 수 있다.

만약, 채무자가 임의로 인도 요구를 거부한다면, 대금완납 후 6개월 안에 강제로 인도하게 하는 내용의 인도명령을 집행법원에 신청할 수 있다.

명도소송을 제기하기 전에는, 점유자가 현재의 점유 상태를 바꾸지 못하도록 법원으로부터 점유이전금지가처분결정을 받아 두는 것이 좋다.

NPL(부실채권)

NPL(부실채권)의 등장 배경

NPL(부실채권)이란, 개인이나 기업에게 돈을 빌려준 금융기관이 그 원금과 이자를 제때 돌려받지 못해 발생한 불량대출을 일컫는 말이다.

3개월 이상 대출금의 원금과 이자를 받지 못하고 연체 상태가 계속된다면, 해당 채권은 부실채권으로 분류된다. 이 경우, 금융기관은 경매나 매각을 통해 대출금의 원금과 이자를 회수하는 방식으로 해당 채권을 정리한다.

애초 부실채권이라는 개념은 상당히 낯선 것이었다. 생소했던 부실채권이 1997년을 기점으로 하여 대두되기 시작했다는 점은 부실채권이 IMF 외환 위기와 무관하지 않다는 것을 보여준다.

한보, 기아, 해태 등 우리나라를 대표하던 대기업들과 대동은행, 경기은행과 같은 금융기관들이 줄줄이 부도를 일으키며 도산하자, 그들에게 자금을 내어주었던 각종 금융기관들의 채권들은 곧장 부실채권으로 변했다.

해방 이후 최대 위기라 할 만큼 국내 경기는 침체되었고, 줄곧 오르막길로 내달리던 대한민국의 눈부신 성장은 한순간에 무너질 위기에 봉착하게 되었다. '아나바나' 운동, '금 모으기' 운동을 통해 위기에 강한 국민성을 발휘했지만 역부족이었다.

정부는 거대 기업과 주요 금융기관들이 도미노처럼 무너지는 것을 방지하기 위하여, 자산관리공사의 부실채권정리기금을 털어 해당 부실채권들을 매입하기에 이른다.

내로라하는 대기업들과 금융기관들이 줄줄이 도산하는 과정을 겪으며 대한민국의 화폐 가치는 반 토막 났다.

그러다 보니 정부가 매입한 부실채권들 대부분이 외국계 펀드에게 거의 공짜에 가까운 금액으로 매각될 수밖에 없었다. 외국계 펀드는 헐값에 부실채권들을 사들이고, 이후 적절한 시기와 대상을 물색해 2배 이상의 값으로 되팔거나 경매하는 수순을 밟으며 높은 수익을 챙겼다.

대상이 무엇이든지 간에 남에게 내 것을 헐값에 내어준 당시의 상황은 배 아프고, 속상할 수밖에 없다.

그러나, '저렴하게 사고, 비싸게 파는 것'이 시장의 원리이며, 당시의 유일한 살 길이었다.

IMF 금융 위기에서 벗어나 조금씩 회복세를 보이던 2000년 중후반에는 카드 대란과 PF 대출, 그리고 글로벌 금융 위기라는 문턱에 발이 묶이며 또다시 부실채권이 급증하게 된다.

호되고 비싼 값을 치르고 배운 부실채권은 2016년 현 금융시장에도 여전히 존재하고 있으며, 그 자체만으로 하나의 거대한 투자 시장을 형성하고 있다.

시중은행 부실채권 현황

구분	부실채권 총계	총 여신 대비	부실채권 매각 규모
2012	18조5000억	1.33	8500만
2013	25조7000억	1.79	6조2000억
2014	24조2000억	1.55	5조
2015	28조5000억	1.71	5조3000억

[자료 : 금융감독원]

NPL 처분

BIS(Bank for International Settlement : 국제자기자본비율)는 금융기관이 평균적으로 유지하고 있어야 하는 자기자본의 비율이다.

갑작스러운 위기상황에 대처하기 위해서 최소 8%대 정도의 자기자본을 항상 유지하고 있어야 한다고 규제하고 있다.

자기자본 보유량에 비해 부실 채권의 보유량이 많아지면 BIS 지수가 떨어지게 되고, BIS 지수가 낮은 시중 은행은 금융감독원에 의해 신용을 의심받게 된다. 은행의 낮은 신용도는 고객의 이탈로까지 이어져 은행 입장에서는 손해가 크다.

그래서 은행들은 BIS 수치를 높이기 위한 저마다의 조치들을 취하게 되며, 그중 하나가 부실채권의 처분이다.

부실채권이라는 타이틀의 불량성 때문에 대체 사는 사람이 있긴 하냐고 생각할 수도 있다. 그러니 부실채권은 당연히 헐값으로 시장에 등장하며, 이를 노리는 투자자들로 인해 하나의 투자 시장이 형성된다.

부실채권은 우선적으로 거대한 1차 시장을 거치고, 이후 2차, 3차 시장으로 나누어 처분되며, 채권을 인수하는 대상자의 규모가 점차 작아진다고 보면 된다.

첫 단계로 은행은 매각할 부실채권들을 하나의 거대한 덩어리로 묶어 1차 시장에 내놓는다.

부실 채권 그 자체는 투자자들의 흥미를 끌어낼 수 있는 대상이 아니므로, 몇몇의 우수한 채권들 틈에 부실한 채권을 끼워 파는 형태로 대량 매각한다. 1차 시장의 인수대상자는 그 규모가 수천억 원에서 수백억 원에 달하며, 유암코, 우리 F&I, 그리고 외국계 투자자들이 여기에 포함된다.

이 경우, 외국계 투자자들은 자산유동화법에 의해 허가를 획득하여야 하고, 나머지는 대형 AMC(자산관리회사)여야 한다. 이들 1차 시장에서 사들여진 채권들은 작고 작은 덩어리로 다시 나누어져 2차 시장에서 매각된다.

2차 시장의 인수대상자는 중소형 AMC이거나 일부 우량 저축은행과 외국계 투자 펀드이다.

이때 채권은 원래의 1/10 정도의 단위로 소형화되며, 2차 시장의 인수자들이 직접채권을 추심하거나 임의변제, 재매각하는 등의 과정을 통해 수익을 창출한다. 이들 중 일부 채권들은 원금에 수익을 보태어 투자자들에게 매각된다.

일반투자자들이 부실채권을 매입하는 방법에는 론세일방식과 채무인수방식이 대표적이다.

론세일방식은 가장 전형적인 매각 방법으로 매각 대상이 된 부실채권을 온전히 매입자가 인수하는 방식이다.

담보물 부실채권의 경우, 등기부 등본에 있던 근저당권에 대한 채권자의 명의가 부실채권의 매입자로 변경되는 것이다.

A라는 원룸 다가구 주택을 담보로 등기부상의 채권 최고액이 1억 원인 부실채권을 은행이 보유하고 있다고 가정해 보자.

채권 매각 시, 매입자가 채권 최고액의 40% 정도를 할인받아 매입하게 되면, 매입자는 6,000만 원을 투자하여 1억 원 가치의 채권을 인수받게 된다.

해당 원룸 다가구 주택을 대상으로 경매 절차가 진행되면, 매입자는 경매 배당을 먼저 받아가는 선순위들을 제외하고 5순위로 배당받는다.

1순위 배당은 경매 신청 채권자가 예납한 집행비용이며, 저당물의 제3의 취득자가 그 부동산의 보존·개량을 위해 지출한 필요비·유익비는 2순위로 배당된다.

3순위는 최종 3개월간 밀린 임금, 소액임차인 보증금 중 일정액, 최종 3년간 퇴직금 등이다. 3순위의 배당자들은 모두 동일한 순위이며, 채권의 성립 시기와 상관없이 해당 채권액에 비례하여서 안분배당 받는다.

소액임차인에 해당하는 주택임차인과 상가 건물 임차인들은 매각대금의 1/2 범위 안에서 최우선 변제를 받을 수 있으나, 임금채권에 대해서는 그러한 제한을 두지 않는다.

다음 4순위는 해당 부동산에 대해 부과된 국세나 지방세 등의 당해세이다. 연체된 부분이 있다면 4순위로 배당된다.

1순위에서 4순위까지의 배당금을 제외한 나머지 금액 한도 안에서 배당받게 되는 담보물권 채권자는 앞선 순위들에 대해 꼼꼼하게 권리 분석을 해야 한다.

특히 원룸 다가구 주택은 최우선 변제를 받을 수 있는 소액 임차인들을 다수 포함하고 있는 주거 형태라, 권리 분석에 있어 더욱 신중을 기해야 한다.

1억짜리 채권을 6,000만 원에 매입해 4,000만 원의 이익을 얻었으나, 위와 같은 선순위자들에 대한 분석이 이루어지지 않아, 실제 투자금인 6,000만 원도 회수되지 못하는 경우가 발생할 수 있음을 기억해야 한다.

부실채권 매입의 두 번째 방법은 채무인수방식으로 매입자가 해당 부동산에 직접 입찰하여 채권을 인도받는 형태이다.

해당 부동산을 반드시 낙찰받고자 희망하는 매입희망자는 부실채권을 보유한 은행 또는 AMC와 같은 기타 채권자들을 대상으로 양도 금액의 10%를 계약금으로 걸고, 낙찰 후 그 나머지 금액을 지급하기로 약속한다.

만일 입찰에 실패하면 둘 사이의 계약은 무효가 되고, 매입희망자가 채권자들에게 걸어두었던 계약금은 다시 돌려받게 된다.

채무인수방식은 계약금 10~20%라는 소액금액으로 투자가 가능하여 론세일방식에 비해 금전적 부담이 적다.

일반투자자의 NPL 거래 참여 과정

유암코, 자산운용회사, AMC(자산관리회사)의 사이트 검색
▼
투자할 부동산(아파트, 주택, 토지) 및 지역 검색
▼
해당부동산에 대한 권리분석 및 임장활동
▼
매수가액 산출 및 매수 방식 결정(론세일방식, 채무인수방식 등)
▼
자산유동회사에 매수의향서 제출(매수가 제시)
▼
채권보유회사와의 채권양도 및 계약 실시
▼
잔금납부와 채권 이전
▼
경매 실시 및 낙찰(낙찰시 대금 납부)
▼
배당금 수령을 통한 청산

6. 부동산은 위치가 말해준다

1. 어느 위치에 투자할 것인가?
2. 역세권
3. 업무시설 밀집지(반월당·삼덕동)
4. 대학병원
5. 대학가

1 어느 위치에 투자할 것인가?

수익형 부동산에 투자할 것을 고려하고 있다면, 가장 눈여겨 보아야 할 것이 바로 해당 부동산의 '위치'이다.

이른바 입지조건은 부동산의 종류를 불문하고 1순위로 꼽히는 핵심 요인이다. 이는 굳이 전문가가 아니더라도 예측 가능한 부분들이다.

아파트나 주택의 경우라면 학군이 좋아야 학부모들의 선택을 받을 수 있고, 상가의 경우 상권이 살아 있어야 투자자들의 선택을 받을 수 있다. 대구 지역에서 학군이 좋기로 손꼽히는 수성구 지역은 아파트든 주택이든 매매가가 내려가는 경우가 거의 없다. 매입을 희망하는 수요가 늘 존재하기 때문에 오히려 매매가는 해마다 오르고 있는 추세이다.

아파트나 주택의 매매가가 오르고 있다 해서 동일 지역에서의 원룸 다가구 주택 수익률 또한 높을 거라고 예측해서는 안 된다.

먹고 자는 주거의 목적이 주가 되는 오피스텔이나 원룸 수익형 부동산이 잘 되는 지역이 따로 있기 때문이다. 원룸 다가구 주택에 대한 올바른 이해 없이 섣불리 투자했다가는 지속적으로 발생하는 공실로 인해 은행 이자조차 감당하지 못하는 상황이 발생할 수도 있다.

임대 사업을 하는 데 있어 공실은 존재할 수밖에 없다.

임대차에서 계약 기간은 1년인 경우가 대부분이며, 1년의 계약이 만료된 후에는 기존의 임대 세입자가 더 이상 계약 연장을 원하지 않을 수도 있다. 다음 세입자와의 계약 이전까지 방이 비어있게 되는 경우를 공실이라고 하며, 이러한 공실이 지속되는 기간은 짧으면 짧을수록 투자자가 감수해야 할 손실이 줄어든다.

공실은 반드시 존재하지만 임대 수요가 많아 공실이 적거나, 공실이 있더라도 그 기간이 길지 않은 지역을 선택해야 한다.

임대 수요가 많은 지역에 위치한 원룸 다가구 주택이라면 당연히 매매가가 비싸다. 그리고 매매가가 비싸면 투자금에 비례해 수익률은 낮을 수밖에 없다.

그러나 위치적 이점으로 인해 공실률이 낮다면 수익률이 큰 변동 없이 유지되고 별다른 손실 없이 고정적 수입을 보장해 준다.

반대로 매매가가 낮으면 수익률이 높다. 그러나 좋은 위치가 아니라면 늘 수요가 부족하고 반복적으로 공실이 발생한다. 공실로 인한 손실은 수익률을 떨어뜨리는 데 있어 가장 큰 원인이므로 반드시 투자 대상에 적합한 위치적 조건을 갖추었는지를 살펴봐야 한다.

2 역세권

대구 지역에 처음 전철이 들어섰을 때만 해도 이용하려는 승객들이 많지 않았다.

기존의 버스나 다른 교통수단에 비해 훨씬 많이 걸어 오르내려야 한다는 점이 불편했기 때문이다. 전철 이용을 독려하기 위해 '5분 걸어서 건강 지키자.'라는 팸플릿이 전철역 출입구와 계단에 나붙어 있을 정도였다.

1호선을 첫 개통했던 1997년에서 꼬박 20년이라는 세월이 흘렀고, 이제 대구 지역민들에게 전철은 없어서는 안 될 핵심 교통수단이 되었다. 교통량이 많은 시내나 출퇴근 시간의 교통 혼잡에 전혀 구애받지 않고, 정확한 시간에 출발하고 도착한다는 전철의 특징은 "대구 도시 철도는 여러분의 약속 시간을 지켜드립니다."라는 카피를 만들어냈다.

역 주변은 전철을 이용하려는 사람들로 늘 붐비고, 사람이 모이는 곳은 자연스럽게 상권이 형성된다.

번잡한 시내보다는 조용한 주택가를 선호하고, 편의시설이 어느 정도 갖추어진 곳, 그리고 등하교나 출퇴근이 편리한 곳을 찾는 수많은 세입자들은 이른바 역세권 집을 찾는다.

대구의 경우, 최근 2년여에 걸쳐 운행하던 시내버스의 대수를 줄이거나 노선을 간소화하는 식의 변화를 꾀했다. 전철 이용객의 증가로 시내버스 운영 수익이 줄어들었기 때문이다. 여러 교통수단 중에서도 전철이용객이 많으며, 이들 역 주변에 사람이 집중될 것임을 예측해볼 수 있게 한다.

교통수단의 개선이 주변 부동산의 가치를 높이는 것은 분명하다. 그러나 여기서 주의해야 할 점은 역세권이라고 해서 모두 다 같은 등급은 아니라는 점이다.

파급력이 높은 역세권을 잘 선별해 내야 하는데, 그중 첫 번째가 '더블 역세권'이다.

대구 지역에는 1호선과 2호선의 환승역인 반월당역, 1호선과 3호선의 환승역인 명덕역, 2호선과 3호선의 환승역인 신남역이 더블 역세권이다.

반월당역은 3호선이 개통되기 이전부터 1, 2호선의 유일한 환승역이자 중심 지역으로 풍부한 원룸 수익형 부동산과 해당 수요를 유지하고 있는 지역이다.

최근 3호선 개통과 더불어 환승역이 된 명덕역은 대구교육대학과 경북예고, 그 관련 개통의 학원들이 밀집되어 있는 지역이자 역세권으로 이전부터 원룸 수요가 많았던 곳이다.

시내와는 가까운데도 임대료가 크게 비싸지 않고, 주택가 골목골목에 들어선 원룸들은 주변 환경이 깨끗하고 조용해서 수요자들이 많이 찾는다. 또한, 대중교통이 취약했던 칠곡이나 지산동 지역까지 3호선이 운행됨으로써, 기존에 출퇴근이 불편했던 이들이 명덕역 주변에 주거지를 얻어 3호선을 이용하는 경우가 많아졌다. 이로 인해 명덕역 주변의 부동산 가치는 크게 상승했으며, 현재도 상승 중이다.

그러나 신남역은 이야기가 좀 다르다. 신남역은 업무시설이 밀집된 중심지와 가깝고, 교통량이 많은 달구벌 대로를 통과하며, 2호선과 3호선의 환승역, 즉 더블 역세권이다. 게다가 대규모 재래시장과 대형 병원이 인접해 있어서 좋은 조건들을 두루두루 갖추고 있는 지역이다. 이론적으로는 더할 나위 없이 좋은 위치임에도 불구하고, 신남역 주변은 원룸 수익형 부동산의 규모가 크지 않다.

신남역 주변에 역사적으로 의미 있는 건축물과 근대화 골목 같은 명소가 있다 보니 다른 지역에 비해 건축에 대한 규제가 있는 편이다. 또한, 최근 3호선 개통으로 재래시장으로의 접근이 용이해져 상가의 수가 많아지고, 그 영역이 커졌다. 상가 밀집 지역으로서의 영역이 확장됨으로 인해 주거에는 다소 부적합한 성격을 띠게 되었다.

규제로 인해 원룸 다가구 주택이 들어설 만한 장소를 편히 물색하기가 마땅치 않고, 또한 굳이 상가 밀집 지역에 주거하길 원하는 수요층도 많지 않아 더블 역세권임에도 불구하고 건축업자들이 피하는 지역이 돼버린 것이다.

별다른 특징이 없었던 역세권도 환승역으로 바뀌는 순간 주변의 부동산 가격은 물론 기대 수요가 급상승하게 되는 경우가 많다. 그러나 언제나 예외를 만들어내는 변수들이 있으니 다른 여러 조건들을 좀 더 면밀히 살펴보는 세심함이 요구된다.

더블 역세권 다음으로 꼽히는 것이 바로 역 주변의 환경이다. 역세권 주변에 대형 병원, 대학교 및 대형 마트 등이 위치해 있다면 투자처로서는 그야말로 금상첨화일 것이다.

끝으로 전철이 목적지까지의 이동 시간을 단축해줘야 한다. 자가용이나 버스, 택시를 이용하는 것이 지하철 이용보다 득이 된다면, 전철 이용의 메리트가 없다. 거리가 꽤 멀거나 직선코스가 아닌 경우, 또는 출퇴근 시간이나 주말 시간대에 교통량이 집중되어 버스나 택시를 이용하는 것이 불리한 경우여야 한다. 전철은 20분 안에 10코스에서 많게는 15코스 이내의 모든 목적지에 도달할 수 있게 해줘 시간 면에서, 비용 면에서 훨씬 경제적일테니, 이런 특징을 가진 전철역 인근이라면 투자하기 좋다.

3
업무 시설 밀집지(반월당·삼덕동)

대구 전체에서 임대 수요가 가장 많은 곳으로 꼽히는 곳은 반월당과 삼덕동 일대이다.

반월당은 지하철 1호선과 2호선의 환승지역임과 동시에, 대다수 대중교통이 거쳐 가는 지점으로서 교통의 요충지이다. 이러한 반월당의 지리적 이점 때문에 인구의 유입량이 평균 이상으로 많고, 이로 인해 많은 병원(치과, 성형외과, 피부과), 대형쇼핑센터, 학원(경찰·소방 공무원, 외국어, 자격증 관련), 회사(보험회사, 증권사) 그리고 각종 점포들이 늘 해당 지역에 밀집되어 있다.

삼덕동 일대는 경대병원과 의과대학 등이 자리하고 있고, 번잡한 중심지역에서 조금 벗어나 있다는 이유로 찾는 손님들이 많다.

물론, 번잡한 시내 지역을 굳이 주거 지역으로 선택할 이유는 없을 듯하나, 시내 지역에서 대부분의 시간을 보내야 하는 1인 가구의 경우라면 이야기는 달라진다.

시간에 쫓기는 수험생들은 외곽지역에서 왔다 갔다 하면서 허비해야 하는 비용이나 시간이 너무 아쉽다. 타 지역 출신의 기간제 근무자들, 늦은 퇴근·야간 근무로 대중교통 이용이 힘든 직장인들이나 시내 점포의 종업원들 및 점주들, 그리고 중심상권이 제공하는 젊은 문화 혜택을 좀 더 가까이에서 누리고자 하는 젊은이들이 이 지역을 자신의 주거 지역으로 선택한다. 이 중 시내 지역의 학원을 이용하기 위한 수험생들이 임대 세입자 비율의 절반 이상을 차지하고 있다.

위에서 살펴본 지역은 위치적 강점으로 인해 임대 수요가 타 지역에 비해 늘 풍부하다. 계약이 만료되어 공실이 생기더라도 빠른 수요 회전률로 인해 짧은 기일 안에 다음 세입자와의 계약이 성사된다.

투자자들이 이 지역의 원룸 수익형 부동산을 찾는 것도 바로 이러한 낮은 공실률 덕분이다. 매매가에 대한 부담감으로 다른 외곽지역에 투자했던 이들이 자금을 재충전해 이 지역 물건을 다시 찾는 경우가 많다.

임대업에 있어 가장 걱정스러운 공실률을 크게 걱정할 필요가 없다라는 점은, 구매에 대한 엄청난 욕구를 불러일으키는 대목이다.

고정 수요가 탄탄하게 확보되어 있다면 해당 지역의 투자 안정성은 높아지고, 당연히 시세 형성에 유리해 시세차익을 노릴 수도 있다. 제대로 사놓기만 하면, 나중에 투자자가 손 털고자 할 때에도 손해 보지 않고 매매할 수 있다는 것이다.

대학병원

대구 지역의 대표 대학병원은 영대 병원, 경대 병원, 가톨릭대 병원 이세 곳이다. 이들 대학 병원 주변은 의외의 상권이 발달한 지역이다.

병원 입구마다 즐비해 있는 수십 곳의 약국들, 환자나 보호자, 병문안객들을 위한 식당이나 죽 집, 과일 집, 꽃집 등이 그러하다. 병원 인근의 임대 수요로 쉽게 떠올려질 수 있는 의사, 간호사, 기타 병원 종사자들 이외에도 이러한 상권의 발달로 뜻밖의 임대 수요가 창출된다.

영대 병원과 경대 병원의 경우, 각각 지하철 1호선, 2호선이 통과한다는 이점과 더불어 인근에 대구교대, 영남이공대 그리고 경대 의대가 위치해 있어 수요가 안정적이다. 이 두 곳은 병원 관련 수요와 역세권 수요, 대학가의 수요까지 맞물려 있는 위치이다.

가톨릭 의대와 간호학과가 들어서 있는 가톨릭대학병원도 마찬가지이다. 그러나 가톨릭대학병원 주변은 건축법상의 제약(일조권)을 꽤 받는 편이라 사실 원룸 건물을 신축하기가 사실 힘든 지역에 속한다. 하지만 일조권의 규제를 받지 않고 반듯한 대지만 존재한다면, 건축업자들이 앞다투어 건축하고자 하는 지역이 또한 가톨릭대학병원 인근이다.

최근 해당 병원은 증축과 더불어 병원 관련 인원들을 충당하고 있는 과정이라 임대수요가 급증하고 있다. 방을 얻고자 하는 수요는 점차 많아지는데, 공급량은 이전과 크게 달라지지 않아 공급의 부족 현상이 계속 지속될 것이다.

다른 두 대학 병원과 달리 역세권이 아님에도 불구하고, 공급 대비 수요가 많아 늘 수익률이 높고 비교적 안정적인 곳이다. 투자자들이 업무밀집지역인 반월당, 삼덕동 일대와 더불어 가장 선호하는 것은 이 때문이다.

추가로 알아둘 만한 병원 인근의 공통 잠재 수요는 바로 장거리 혹은 중증환자들과 관련된 부분들이다.

치료의 목적으로 서울 인근의 대형 병원으로 지역 환자들이 몰리는 것과 마찬가지로, 경북 일대의 소도시에서 대구 지역 대학 병원을 찾는 환자와 보호자들은 의외로 많다. 환자 곁에 장기간 상주해야 하는 보호자 및 가족들, 반복적인 장거리 통원 치료가 힘에 부친 환자들이 병원 인근의 방을 임대하려는 경우도 있어서 병원 인근의 공실률을 낮추는 데 일조하고 있다.

대학가

  과거에는 대학가 주변의 원룸 수익형 부동산이 많이 선호되었다.
  타 지역에서 대구 지역 대학교로 진학한 학생들로 대학 인근의 원룸들은 늘 북적거렸다. 당시에는 기숙사가 없거나 있다 하더라도 규모가 작고, 시설이 미흡했다. 게다가 요즘처럼 자가용을 가진 학생들이 많지 않아서 통학 거리가 먼 학생들은 아예 학교 인근으로 독립해 나와 자취를 하기도 했다. 그리고 2~4년이라는 재학 기간이 보장된 점 등은 큰 공실 없이 꾸준히 투자자들에게 이익을 안겨준 요인들이다.
  그러나 대학가 주변의 원룸 수익형 부동산이 앞으로도 꾸준히 과거와 같은 높은 투자 가치를 가지게 될지에 대해서는 대체로 부정적이다.

사회적 문제로 손꼽히고 있는 출산율 저하는 대학가를 썰렁하게 만들었다.

한 반에 5, 60명씩 가득가득했던 과거 초등학교 교실과 현재의 초등학교 교실은 현저히 다른 모습이다. 2, 30명 채우기 힘든 곳도 쉽게 볼 수 있고, 몇몇 학교들은 학생 수 부족으로 통합 내지는 폐교하고 있는 실정이다. 이 아이들이 자라나 대학생이 될 앞으로를 생각해 본다면 대학 인근의 원룸 수익형 부동산의 수요가 줄어들 것이라는 예측을 어렵지 않게 내놓을 수 있다.

운영·유지하기조차 버거울 만큼 신입생 수가 줄어들어 문을 닫는 대학들도 늘고 있다.

현상 유지는 하되, 여러 학과들을 통폐합 또는 폐지하는 대학들은 전반적인 인구 감소를 잘 보여준다. 학기 초마다 각 대학들은 저마다 신입생들을 유치할 방안을 찾기 위해 고심하고 있으며, 그중 학생들의 복지 1순위로 개선되고 있는 것이 바로 기숙사 증설 및 신설이다.

너도나도 아끼기에 바쁜 요즘 같은 불경기에, 기숙사만큼 저렴한 가격에 쾌적한 시설을 제공해주는 곳은 찾아보기가 힘들다. 더불어 하숙·자취보다는 더 안심하고 자녀들을 맡길 수 있다는 점에서 부모님들의 전폭적 지지를 얻고 있다.

이밖에 과거와 달리 자가용을 소유한 젊은 대학생들이 많아져 직접 등하교한다는 점과 각종 대중교통이 큰 불편함 없이 제공된다는 점 등이 대학가 인근의 원룸을 더더욱 썰렁하게 만들고 있다.

가뜩이나 부족한 학생들을 교내 기숙사에게 뺏기고 있는 상황에서, 원룸 수익형 부동산이 제시할 수 있는 강구책은 월세를 낮춰주는 것 말고는 딱히 없다.

　과거 부지기수로 지어 올렸던 원룸 건물들로 인해 대부분의 대학가는 현재 이미 공급 과잉 상태이고, 공실을 막기 위해 전세금이나 월세를 낮추다 보면 수익률은 바닥을 칠지도 모를 일이다. 학생들이 빠져나간 대학가 인근은 그나마 싸게 방을 얻고자 하는 세입자들로 인해 유지되고 있는 추세이다.

　물론, 그 지역이 대학생들에만 의존하지 않고, 예를 들어 중심지역 주변이거나 역세권에 포함되어 다른 임대 수요층을 유인할 수 있는 위치라면 투자 가치가 없지 않다.

7. 어떤 곳에서, 어떤 원룸을 사야 하는가?

1. 전문성 있는 중개인을 만나라
 - 원룸 다가구 주택 전문가
 - 건축업자와의 상호적인관계
 - 매매가격
2. 높은 수익률
3. 넓은 도로와 주변 환경
4. 방의 크기와 구조
5. 주차 공간
6. 불법 없는 건축물
 - 일조권
 - 상가 증축 또는 방 쪼개기
7. 하자 없는 집
 - 누수
 - 결로로 인한 곰팡이
8. 구축 건물과 신축 건물
 - 구축 건물
 - 신축 건물
 - 신축이 비싼 이유
9. 리모델링
 - 무늬만 리모델링
 - 투자자들은 수익률을 보고 산다
 - 초기자금이 많이 드는 리모델링
 - 어렵고 복잡한 절차, 명도

1 전문성 있는 중개인을 만나라

원룸 다가구 주택 전문가

중개인이 다루는 부동산의 영역은 아파트, 토지, 공장부지, 주택, 원룸, 빌라 등 다양하다.

공인중개사라면 부동산 영역 모두를 다룰 수 있는 자격을 가지고 있으나, 각각의 영역 모두에서 전문성을 갖기는 힘들다. 그러므로 아파트면 아파트, 토지면 토지, 원룸이면 원룸, 이런 형태로 한 영역을 전문적으로 내세워 중개하는 경우가 대부분이다.

원룸 다가구 주택을 주로 다루는 중개인은 아파트 관련 중개에 대해 잘 알지 못할 수도 있고, 반대로 아파트를 주로 다루는 중개인들은 원룸 다가구 주택에 대해 상세히 알지 못할 수도 있다.

이는 전문성을 따지고 보았을 때 당연한 현상이다. 중개 방법을 모르는 것이 아니라, 해당 영역의 세부적인 특성, 시세, 최근의 동향 등을 세세히 꿰지 못해 중개 과정이 덜 매끄러울 수도 있다는 말이다.

쉽게 말해, 원룸 임대를 주로 하는 중개인은 월세 몇만 원을 흥정하는 데 능숙하지만, 원룸 매매나 아파트를 다루는 중개인은 몇백에서 몇천, 크게는 몇억 단위의 금액을 흥정하는 데 능숙해야 한다. 물론, 때와 경우에 따라 다르겠지만, 얼마의 금액들이 오가고 깎고 덧붙일 수 있는지에 대한 나름의 노하우가 없다면 올바른 중개를 했다고 보기 어렵다.

그러므로 관심을 두고 있는 부동산이 있다면, 해당 분야를 전문적으로 다루는 중개소·중개인을 찾아야 한다.

투자자들 대부분은 본인이 임대나 매매를 희망하는 지역 주변의 부동산을 찾아가야 제대로 정보를 얻을 수 있을 거라 생각한다.

그러나 이 또한 꼭 그렇지만은 않다. 아파트나 토지, 공장 부지 등은 그 인근의 중개소가 전담하여 다루는 경우가 대부분이지만, 원룸 다가구 주택은 이들과는 조금 다른 측면이 있다.

대구에는 대구 전 지역의 원룸 다가구 주택에 대한 정보를 공유하는 '온하우스'라는 사이트가 있어서 지역과 관계없이 모든 정보를 공유하고 있다. 사이트에 가입한 중개소는 사무실이 위치한 지역과 상관없이 모든 대구지역의 원룸 다가구 주택 현황에 대한 정보를 얻는다.

그렇기 때문에, 굳이 해당 지역이 아니더라도 원룸 다가구 주택 중개를 전문적으로 다루는 중개소라면 다른 위치에 있는 물권을 중개하는 데 있어서 크게 문제가 되지 않는다.

건축업자와의 상호적인관계

원룸 다가구 주택을 위주로 짓는 건축업자들은 이를 전문적으로 다루는 중개인들과 우선적으로 정보를 공유한다. 중개의 대상이 되는 물권을 만들어내는 건축업자와 다리를 놓아주는 중개인의 사이는 상호보완적일 수밖에 없다.

이처럼 원룸 다가구 주택을 전문적으로 다루는 중개인은 해당 물권에 들어가는 대략적인 건축비, 시세에 맞는 매매가, 건축업자의 성향을 통해 파악할 수 있는 건물의 구조 및 내구성 등 중개의 요소요소들을 잘 파악하고 있다. 매매 후에는 해당 원룸 다가구 주택에 맞는 임대 및 시설 관리에 대해 자문을 얻을 수도 있다. 되팔고자 할 때 역시 현황에 맞는 여러 정보들을 얻기가 수월하다.

매매가격

원룸 전문 중개인이 아닌 다른 영역의 중개인을 통해 매매했더니 오히려 수익이 더 남았다는 건축업자의 얘기를 들어본 적 있다.

전문적으로 원룸 다가구 주택을 다뤄본 적이 없는 중개인이거나 아직 미숙한 상황이라면, 건축업자와 매수자 사이에서 매매가를 어느 정도 선에서 절충해야 하는지에 대해 잘 알지 못할 수도 있다.

만약 여러 채씩 지어 시세나 흐름에 빤한 건축업자가 의도적으로 높은 매매가를 불렀다면, 중개인은 미리 주변 시세나 해당 건물의 여러 측면을 파악해 적정 매매가를 제시해 줄 수 있어야 한다. 중개인이 무조건 매도인이 제시한 가격에다 매수자를 끌어당겨 계약을 성사시킨다면, 매수자 입장에서는 매매가를 좀 더 낮춰 매입할 수 있었음에도 불구하고 손해를 보고 매입하는 상황이 발생한다.

반대로 매수자가 희망하는 대로 무조건 매매가를 깎기만 하면, 건축업자의 마음을 상하게 해 계약을 놓치는 경우가 발생할 수도 있다. 두 경우 모두 올바른 중개를 했다 보기 어렵다.

대구의 경우, 원룸 다가구 주택을 전문적으로 다루는 중개인들 대부분이 교차로나 벼룩시장, 그리고 온라인 사이트를 통해 고정적으로 광고를 하는 편이다. 그러므로 원룸 다가구 주택을 구입할 의사가 있는 투자자라면, 평소 이를 눈여겨보았다가 해당 분야에 전문성을 갖고 있는 중개소 혹은 중개사를 수소문하는 것에서부터 그 첫 시작을 해야 한다.

2 높은 수익률

어떤 원룸 다가구 주택에 투자하는 것이 좋은지 한 가지만 꼬집어 얘기해달라고 묻는다면, 수익률이라고 대답하고 싶다.

성공적인 투자는 투자금에 비례해 높은 수익률을 얻어내는 투자이다.

모든 투자자들이 투자에 앞서 가장 신경을 곤두세우는 부분은 '내가 투자한 돈이 얼마의 이득으로 되돌아올까'이다.

원룸 다가구 주택을 매입하고자 희망하는 투자자에게 설명되는 해당 건물의 수익률이란, 1년 기준의 총 월세 수입에서 총 은행이자를 뺀 순수입과 자기자본금 사이의 비율이다.

그러나 1년 치 월세 수입이 온전히 내 것이 되는 것은 아니다.

방 하나를 계약하기 위해 치른 중개수수료, 그리고 공실이 유지되는 동안의 월세 손실, 새로 임대인을 맞이하기 위해 도배나 벽지 등에 지출되는 비용 등이 그 원인들이다. 이런저런 비용들을 차감하고 나면, 실제로는 12개월에서 대략 2, 3개월 치 월세를 뺀 9, 10개월 치 월세 수입이 실제 수입이 되는 것이다.

그러므로 중개인 쪽에서 제시한 수익률만 볼 것이 아니라, 계약 연장은 잘 되는지, 공실은 없는지, 지저분하거나 낙후된 부분에 추가 비용이 들지는 않을지를 감안해 투자해야 한다.

좋은 위치에 자리 잡은 원룸 다가구 주택은 평당 토지 매입 비용이 비싸다 보니, 매매가가 높고 이로 인해 수익률이 생각보다 낮을 수도 있다. 반대로 위치는 조금 불리하지만, 매매가가 낮아 이로 인해 높은 수익률을 내는 원룸 다가구 주택도 있다.

이 두 가지 경우에 공실이 발생했다고 가정한다면, 위치적으로 우세한 첫 번째 원룸 다가구 주택의 공실이 더 일찍 채워질 것이다.

반대로 위치적으로 열세한 두 번째 원룸 다가구 주택은 공실 없는 상황에서의 수익률이 높을지 모르나, 공실이 두 달, 석 달씩 계속해서 이어지면 실제 수익이 겉으로 드러난 수익률에 미치지 못하는 상황이 발생한다.

위치, 매매가 등의 장점 중 어느 하나만 보지 말고 전체 시장을 폭넓게 바라보고 신중히 결정해야 한다.

③ 넓은 도로와 주변 환경

원룸 다가구 주택은 우선 주변 도로가 널찍하면서 밤길이 어둡지 않은 곳에 위치하고 있어야 좋다.

어둡고 구석진 골목보다는 낮이든 밤이든 환하고 넓은 길을 선호하는 것은 사람들의 공통된 심리이다. 6m 도로보다는 8m 도로가 낫고, 구석진 골목보다는 대로변 또는 큰길에서 멀지 않은 코너 자리에 위치하는 것이 좋다.

앞서서도 언급했듯이 1인 가구가 점차 늘어나는 추세이며, 이들은 원룸 수익형 부동산의 중요한 고객들이다. 그들은 생활 공간 및 교통의 편리성만큼 안전을 중요시한다.

혼자서 생활하는 1인 가구가 많고, 또 그 절반가량이 여성들이거나 사회초년생, 실버 세대임을 생각한다면, 넓고 밝은 도로는 안전상의 이유에서라도 반드시 요구되는 주거 조건이다.

차가 없어 대로변에서 걸어 들어오는 경우든, 자가용으로 직접 운전해 골목이나 주차장에 진입해야 하는 경우든 밤길이 위험하기는 마찬가지이다.

도로가 넓고 환하면 환할수록 세입자들의 편의와 안전이 조금이라도 더 확보될 수 있다. 건물 주변에 24시 편의점이나 마트 등 밤이 되어도 불 꺼지지 않는 주변 환경을 선호하는 여성 세입자들은 실제로도 어렵지 않게 만나볼 수 있다.

〈원룸밀집지역에 입점하고 있는 24시간 편의점〉

넓은 도로, 대로변, 코너 자리 등은 모두 부동산 시장에서 선호되는 위치 조건이라 매매가도 비싸고, 그만큼 월 수익률이 높지 않은 것 또한 사실이다.

임대 사업을 하는 데 있어 공실은 존재할 수밖에 없다.

〈10m 도로를 접하고 있는 3면 코너 자리〉

그러나 이같은 조건을 갖추었다면 공실이 발생하더라도 찾는 수요층이 많아 공실 유지 기간이 길지 않다. 또한, 좋은 위치적 조건으로 인해 계약을 연장하는 경우도 많아서 공실로 인한 손실이 적어 투자 가치가 높다.

4 방의 크기와 구조

임대 수요층이 원하는 방의 크기와 구조를 갖추고 있어야 한다.

살림살이가 많지 않거나, 대부분의 시간을 밖에서 보내느라 집에서는 오로지 잠만 자면 된다는 세입자라면 방 크기는 크게 중요하지 않다.

이런 특성의 수요층은 대학가나 시내 주변에 많이 분포되어 있는 세입자 형태로, 2, 3년씩 장기적으로 거주하는 경우가 드물어서 본인 살림은 최대한 간소하게 유지하되, 나머지 필요한 살림살이들은 건물 자체의 옵션으로 제공받길 원한다.

〈세입자가 선호하는 방 구조〉

이와 달리 거주자가 2인 이상이거나 아이가 있는 경우, 짐이 많은 경우는 원룸이든 투룸이든 크기가 큼직큼직하면서 공간이 분리되어 있는 구조를 선호한다. 특히 거실이든 방이든 어느 하나는 공동의 공간으로 큼직할 필요가 있다.

이 외에도 방과 주방이 분리된 형태는 수요층들 대부분이 선호하는 구조이다.

원룸 수익형 부동산은 아파트나 일반 주택처럼 공간이 넓지 않기 때문에 주방에서 풍기는 음식 냄새가 그대로 옷이나 침구류에 배거나 실내 공기를 쉽게 탁하게 만들 수도 있다.

〈세입자가 선호하는 방 구조 : 방과 주방이 분리되어 있거나,
창 딸린 화장실과 맞붙어 있으면 조리 후 환기가 쉽다〉

어떠한 조건의 크기와 구조라도 세입자가 원하는 크기와 구조가 맞아떨어지면, 다른 기타의 불편함이 있더라도 재계약으로 이어지는 경우가 많다.

그러므로 내 원룸 다가구 주택을 찾는 임대수요층의 성향을 분석하여 거기에 맞아떨어지는 방 크기와 구조를 갖춘 물건을 선택하는 것이 중요하다.

잠자는 목적의 수요층이 많은 지역이라면 원룸 위주로, 2명 이상이 함께 거주하는 수요층이 많은 지역이라면 투룸이나 쓰리룸 위주의 원룸 다가구 주택을 골라야 공실 없이 수익을 끌어낼 수 있다.

5 주차 공간

주차 문제로 세입자들 간에 또는 외부인들과 세입자들 간 얼굴을 붉히는 경우가 많다. 이는 원룸 다가구 주택뿐 아니라 아파트나 주택가 주변에서도 심심치 않게 볼 수 있는 광경이다.

다행히도 원룸 다가구 주택은 해당 건물의 세대 수에 비례해 주차 공간을 반드시 확보할 것을 규제하고 있다.

그러나 똑같은 주차 대수를 가진 원룸 다가구 주택이라 하더라도 양방향 주차인지 한 방향 주차인지에 따라 세입자들의 불편함 정도는 사뭇 다르다.

부득이하게 겹주차를 해야 하는 곳도 많다. 바쁜 출근 시간마다 차를 빼달라고 전화를 거는 일은, 거는 사람도 받는 사람도 보통 번거로운 게 아니다.

외부차량들로 인해 정작 세입자들이 주차 불편을 겪지 않도록 제때제때 관리해주는 일도 중요하겠지만, 우선은 실제 거주자들이 넓은 주차 공간을 불편함 없이 사용할 수 있는지를 꼭 확인해야 한다.

〈양방주차, 차단기〉

〈겹주차〉

6
불법 없는 건축물

일조권

건축법에는 일조권에 관련된 규제가 있다.

일조권이란 햇빛을 받아 쬘 수 있는 권리를 법으로써 보호해 주는 것이다.

과거와 달리 건물의 수가 많아지고, 그 높이 또한 높아지고 있으며, 건물과 건물 사이의 간격도 점차 좁아지고 있다. 높고 빼곡하게 들어선 건물들은 주변 건물들을 서로서로 막아서서 햇빛을 제대로 받지 못 하게 한다.

이를 방지하기 위해서 건축법에서는 공동주택과 전용주거지역, 기타 일반주거지역 내에 건축되는 건축물의 높이를 일조권 확보에 적합한 높이로 규제하고 있다.

높이 9m 이하의 건물은 건물의 정북 방향의 인접 대지 경계선으로부터 1.5m 이상을 띄워야 하고, 높이가 9m를 초과하는 건물이라면, 전체 높이의 1/2 이상을 띄우도록 정하고 있다.

원룸 다가구 주택은 주차장으로 사용되는 1층과 주거용으로 사용되는 2, 3, 4층을 포함하여 총 4층 건물이 대부분이다. 층고를 대략 3m로 계산하면 전체 12m의 4층짜리 원룸 다가구 주택은 건축법상 높이 9m를 초과하는 건물이므로, 인접 대지 경계선으로부터 그 높이의 절반 이상을 띄워야 한다. 즉 정북 방향에 있는 인접 대지로부터 6m 이상을 띄워야 규제에 어긋나지 않는다.

이런 규제에도 불구하고, 일조권은 원룸 다가구 주택에 있어서 가장 빈번하게 불법이 이뤄지는 부분이다.

〈옥상에서 바라본 일조권 규제에 인한 주거공간 손실〉

상가 증축 또는 방 쪼개기

상가로 사용할 목적으로 허가를 받은 1층을 주거용으로 개조하는 것은 불법이다.

원룸 다가구 주택의 1층은 세대 수에 비례한 주차 공간으로 활용된다. 만일 주차 대수를 모두 만족시키고도 여유 공간이 남았다면, 준공 후에 여유 공간에 증축 허가를 받아 상가로 사용할 수가 있다.

그러나 주거 밀집 지역은 1층이라도 상가가 활성화되기 힘들기 때문에, 주거용으로 임대하여 수익을 높이는 경우가 자주 있는데, 이는 불법이다.

또 요즘에는 잘 찾아보기 힘들지만, 포용할 수 있는 가구 수를 늘리기 위해 일명, 방 쪼개기를 하는 경우가 있는데 이 역시 불법이다.

건물주는 방 개수가 많을수록 임대 수익이 높다. 그러나 세대당 주차장을 확보하도록 규제하고 있어서 무작정 많은 세대로 나누어 지을 수가 없다.

그래서 허가 당시에만 주차 대수에 맞춰 방 수를 유지하고, 준공 이후에는 방 하나를 두 개로 분할하여 임대한다. 화장실이나 싱크대 같은 시설을 추가하는 편법으로 세대 수를 늘리고 그로 인해 임대수익률을 높인다.

〈3가구로 허가받은 원룸 다가구 주택〉

〈불법 방 쪼개기 : 준공 이후, 현관문 안에 또다시 여러 가구가 주거하도록 불법 개조〉

위에서 이야기한 불법적인 요소들은 분명히 법으로 규제하고 있으나, 준공 허가가 떨어진 후에는 관련 기관의 단속이 잘 이루어지지 않는다는 이유로 빈번하게 일어나고 있다.

누군가가 신고하지 않고서는 크게 단속되지는 않는 게 현실이지만, 굳이 위험 요소를 감수하기보다는 단속에 있어서도 문제가 되지 않는 합법적인 건물을 매입하는 편이 좋다.

7. 하자 없는 집

건물을 사야겠다 마음먹었을 때 가장 염려되는 부분은 아마 내가 사들인 건물에 혹시 하자가 있지는 않을까 하는 점일 것이다.

참고로 대구 지역에서는 신축 원룸 다가구 주택을 매입한 경우, 준공일로부터 1년 내지 2년까지는 건축업자로부터의 하자 보수를 보장받을 수 있도록 특약할 수 있어 매수인들의 걱정을 조금이나마 덜 수 있다.

누수

건물에 발생할 수 있는 여러 가지 하자들 중에서 가장 까다로우면서도 중대한 하자는 바로 '누수'이다.

물이 새면 막으면 되는 것 아니냐고 생각하겠지만, 그게 생각만큼 쉽지가 않다. 누수의 원인이 밖으로 드러나 눈으로 직접 확인할 수 있는 상황이라면 보수가 수월하지만, 어느 부분에서 누수가 발생했는지 정확한 위치나 그 원인을 잡지 못해 짧게는 1, 2주, 길게는 수개월에 걸쳐 고생하는 수도 있다.

앞서 말한 것처럼 신축 건물은 건축업자를 통해 누수와 관련된 하자에 대해 일정 기간 동안 보상받을 수 있다. 그러나 구축 건물의 경우는 매도인에게 담보물에 대한 책임을 묻더라도 실제로 보상받기도 힘들고 상당한 시일이 요구될 수도 있다.

그러므로 만약 구축 건물을 매입하려 한다면, 매입 전 건물의 하자를 미리 꼼꼼히 잘 살피고, 계약 체결 시 건물 하자에 대한 책임 부분을 계약서에 명시하는 것이 좋다.

결로로 인한 곰팡이

겨울철 세입자들로부터 가장 많은 항의를 받는 부분은 아마 곰팡이일 것이다.

날씨가 추워지고 난방이 본격적으로 시작되는 늦가을부터 겨울이 끝나는 무렵까지는 건물 내부와 외부의 온도 격차로 인해 벽면에 이슬이 맺히거나 스며드는 결로 현상이 발생한다.

결로수가 만들어낸 건물 내부의 습기는 곰팡이를 비롯한 각종 세균들이 번식하기에 좋은 환경을 제공한다. 세입자들의 건강에 유익하지 못할 뿐 아니라 벽지를 오염시키고, 퀴퀴한 냄새를 유발하는 등 전반적으로 쾌적하지 못한 주거 환경을 만들어낸다.

곰팡이의 원인은 여러 측면에서 찾아볼 수 있다.

날씨가 추워지면 난방으로 인해 실내와 실외의 온도 차이가 크게 벌어지게 된다. 따뜻한 실내 공기와 차가운 실외 공기가 만나는 베란다 창문이나 벽면 등에 온도 차로 인한 물방울들이 생기게 된다. 겨울철에는 일조량이 부족한 데다가 더운 계절에 비해 창문을 열어두는 횟수가 부족하다 보니 물방울들이 마르지 않고 유지돼 방 내부의 습도가 올라가게 되는 것이다.

특히 원룸 다가구 주택의 경우 베란다나 옥상 이용의 제한으로 인해 빨래나 습기 있는 물건들을 실내에 널 수밖에 없다. 그리고 넓지 않은 평수로 인해 가구와 벽면 사이에 공간이 부족할 수밖에 없는데 이 또한 곰팡이 증식에 유리한 환경을 제공한다.

이와 같이 세입자들의 생활 습관들이 곰팡이 번식의 원인일 수도 있겠으나, 건물 자체의 원인일 수도 있다.

건물의 외벽이 낡았다거나 애초에 단열재 및 기타 내장재들의 비용을 아끼기 위해 미흡하게 공사가 마감되었을 수도 있다. 세입자들의 생활 습관으로 인한 곰팡이라면 그 심각성이 미미하지만, 사실 대부분은 건물 자체의 결함으로 인해 발생하는 경우이다.

이런 경우, 해결에는 상당한 시일이 걸릴 수도 있다. 물론, 건축업자에게 결로 현상에 대해 건의하면 환기를 제대로 하지 않아 생긴 문제라고 대답하며 책임을 회피할 가능성이 크다.

그러나 단열재나 기타 내장재를 제대로 사용해 공사한 건물이라면, 주기적으로 환기를 시켜주지 않더라도 결로 현상이 발생하기가 어렵다. 그 쉬운 예로 냉장고 내부와 외부의 온도 차이가 15도에서 20도 이상이지만, 단열이 완벽하게 이루어져 주기적인 환기가 없더라도 이슬이 맺히지 않는다.

곰팡이로 인해 해마다 벽지를 갈아줘야 한다거나, 세입자들의 세간살이가 못 쓰게 되어 배상해주어야 한다거나 하면 건물주로서는 골칫거리가 아닐 수 없다.

제습과 방습을 위한 보수공사 역시 추가적인 비용이 발생할 수 있는 부분인 만큼, 매입 전 건물 내부에 결로의 흔적이 있지는 않은지 확인해두어야 한다.

8
구축 건물과 신축 건물

 원룸 다가구 주택을 구입하고자 하는 투자자들이 가장 고민하는 것 중 하나가 '신축을 사야 하나, 구축을 사야 하나'하는 것이다.
 신축과 구축 중 어느 쪽이 월등히 좋고 나쁘다고 꼬집어 말할 수는 없다. 신축이든 구축이든 각각의 장단점은 있다.
 구입하고자 하는 의사가 있다면, 투자자 자신의 경제적 조건이라든지, 매입 이후의 방향, 즉 되팔기를 통해 시세차익을 노릴 것인지, 꾸준한 운영을 통해 임대 수입을 얻을 것인지 등의 목적을 고려해 거기에 적합한 원룸 다가구 주택을 고르면 된다.

구축 건물

구축을 구매하는 데 있어 가장 유리한 부분은 신축에 비해 낮은 매매가이다.

또한, 신축 건물 매입에서 문제가 되는 월세 거품이 일정 부분 빠진 상태라, 매수자 입장에서는 구입하려는 원룸 다가구 주택의 월세 수익률이 어느 정도 되는지에 대해 객관적으로 판단할 수 있다.

그러나 매매가에 대해서는 한 번 더 생각해볼 필요가 있다. 자기자본이 부족해서 상대적으로 매매가가 낮은 구축 건물을 찾으려 한다지만 실제로는 그렇지 않은 경우도 있다.

원룸 다가구 주택의 매매는 융자금 40%, 보증금 30%, 자기자본 30%의 비율로 이루어지는 것이 보편적이지만, 신축 건물에서 어느 정도 연수가 경과하고 나면 보증금은 낮추고 월세를 올리는 형태로 전환하여 수익률을 높인다.

또한, 수익률이 좋아서 해당 건물의 융자금을 상환하는 경우도 있다.

두 경우 모두 전체 비중에서 융자금과 보증금의 비율이 낮아짐으로 인해 매매희망자가 부담해야 할 자기자본금의 비율은 높아지게 된다. 은행에 갚아야 할 융자금 및 그 이자, 세입자들에게 내주어야 할 보증금은 줄었지만, 매입 당시 내 손에 쥐고 있어야 하는 현금은 많아야 한다는 얘기다.

예를 들어, 전체 매매가에서 보증금이 30%, 융자금이 40%인 신축 건물을 구매하려면 30%에 해당하는 자기자본금이 필요하다. 매입 후 몇 해가 지나, 월세 수익을 높일 생각으로 보증금을 10%까지 낮추고, 융자금을 상환하여 20%까지 그 비율을 낮추었다면, 다음 매입 희망자는 전체 매매가의 70%에 해당하는 자기자본금을 확보하고 있어야 한다.

구축 건물 모두가 이러한 것은 아니지만, '구축은 싸다'라는 공식이 늘 통하지는 않으니 좀 더 생각해 볼 일이다.

구축 건물을 매매하는 데 있어 크게 걱정되는 부분은 아무래도 건물의 노후화로 인한 하자보수비, 기타 유지수선비들이다. TV나 냉장고 같은 옵션을 포함하고 있는 경우라면 연수에 따른 수리나 교체 비용에 대해서도 비용도 지출된다.

노후 건물에서 발생할 수 있는 여러 자잘한 보수 및 수선 문제들과 관련해 발 빠르게 대처할 만한 능력이나 관심이 부족한 성향의 매매희망자라면, 구축 건물 매매에 대해 다시 한번 더 생각해 볼 것을 권한다.

신축 건물

앞서서도 말했듯이, 대구의 경우 신축 건물의 준공일로부터 기본 1, 2년 동안은 건축업자로부터 하자보수에 대해 보장받도록 특약할 수 있어 안심할 수 있다. 또한, 옵션으로 제공된 가전제품들도 모두 새 제품으로 보통

1년 또는 2년 정도는 무상 A/S를 제공받으므로, 매매가를 제외한 나머지 뒷돈에 대해 걱정할 필요가 없다.

다만, 대체로 매매가가 비싸다는 점, 그리고 거품 없는 실제 월세를 가늠할 수 없다는 점 등으로 인해 객관적이고 명확한 수익률을 파악하기가 힘들다.

그럼에도 불구하고 원룸 다가구 주택을 여러 채 소유하고 있는 베테랑 건물주들은 구축 건물보다는 신축 건물을 선호한다. 이는 처분 수익 때문이다.

원룸 다가구 주택 운영에 있어 가장 중요한 부분은 '수익'이다.

원룸 다가구 주택의 수익은 운영 수익과 처분 수익으로 나누어 살펴볼 수 있다.

부동산은 주인이 바뀔 때마다 매매가가 오르게 마련이다. 원룸 다가구 주택의 매매가가 10억이라고 가정했을 때, 매입자는 매매가 10억뿐 아니라 취등록세와 법무사비용, 중개수수료 등을 추가로 하여 대략 10억 4천만 원 이상의 자금이 필요하다.

이후 해당 원룸 다가구 주택을 다른 이에게 되파는 상황이 되었을 때 건물주는 매입 시 부담했던 10억 4천만 원에다 물가나 주변 시세 그리고 운영 기간 동안 지출했던 기타 비용들을 고려해 애초의 10억 4천만 원 이상의 매매금액을 원할 것이다. 예를 들어 1억 정도를 더 받기로 한다면, 기본 매매가는 11억 4천만 원에서 시작되는 것이다.

이런 매매 과정을 한두 차례 거치게 되면서 건물의 매매가는 자연스레 오르겠지만, 매매가 오르는 만큼 월세를 올려받을 수 있는 것은 아니다. 때문에 10%로 출발했던 수익률은 매매를 반복하는 과정에서 점차 떨어지게 되며, 수익형 부동산에 수익이 적거나 없다는 것은 되팔기가 힘들어진다는 뜻이다.

높은 수익률을 통해 운영 수익을 얻는 것도 중요하지만, 평생 지니고 있을 게 아니라면 처분 수익 또한 고려해야 할 부분이다.

그렇기 때문에, 오랜 기간 동안 원룸 다가구 주택을 운영하고 관리해 온 베테랑들은 구축 건물보다는 신축 건물을 고집한다.

그리고 다수의 매매 희망자들은 거품이 빠진 2, 3년 차 건물을 많이 찾는다. 신축 건물을 매입한 건물주는 되파는 시점인 2, 3년 후까지 건물 보수에 뒷돈을 들이지 않아서 좋고, 또한 사고자 하는 수요가 많아 쉽게 처분하면서 수익까지 남길 수 있어서 신축 건물을 주로 찾게 되는 것이다.

신축이 비싼 이유

새로 지어 올린 건물의 매매가는 해마다 오르고 있다. 이는 물가 상승으로 인해 자재비 및 인건비가 상승한 탓도 있겠지만, 이외에도 건축법이나 각종 규제들, 그리고 임대 수요층의 요구 수준이 그만큼 까다로워진 이유도 있다.

정부가 시행하고 있는 에너지 절약 정책으로 인해 점차 단열에 대한 규제가 엄격해지고 있다. 또한, 사회적 문제 중 하나로 떠오른 층간 소음 방지를 위해 벽과 바닥의 두께에 대한 규제 역시 그 기준이 매해 보강될 것으로 전망된다. 최근 몇 차례의 지진을 겪으며 우리나라도 더 이상 지진으로부터 안전하지 않다는 인식이 보편화된 만큼, 내진 설계에 대한 부분 역시 언젠가는 건축 시장의 필수적인 규제 항목으로 등장할 것이다.

질이 좋은 자재를 규제 기준에 맞춰 넉넉히 안전하게 사용해 건물을 지어야 함은 당연한 일이다.

그러나 영리를 목적으로 하는 건축업자는 인건비나 자재비를 줄여야만 이윤을 남길 수 있으므로 무턱대고 좋은 자재로 천천히, 꼼꼼히 짓기가 말처럼 쉽지 않다. 또한, 앞서 이야기한 건축법상의 규제는 눈으로 확인할 수 있는 부분이 아니다 보니, 그저 새 건물이라 비싸겠거니 하고 생각할 수도 있다.

규제가 강화되면 될수록 건축에 사용되는 비용이 늘어날 테고, 이로 인해 매매가는 비싸진다. 하지만, 까다로운 규제만큼이나 건물의 내구성은 좋아질 테고, 건물에 상주하는 임대인들 역시 그런 부분들을 몸소 느낄 수 있을 것이다.

따뜻하고 안전한, 그리고 쾌적한 공간에 대한 수요층은 항상 넘쳐난다. 임대 수익 면에 있어서도 대체로 신축 건물이 구축 건물에 비해 우월하다고 생각한다.

  낡은 것과 새 것, 그리고 저렴한 것과 비싼 것으로 구별하는 것은 원룸 부동산 주택을 매입하는 데 있어서 절대적 기준이 될 수 없다. 올바른 자재를 올바른 규제에 맞게 설계했는지, 거품 없는 합당한 가격을 치르고 매입하는지를 눈여겨보아야 한다.

9 리모델링

 매매가가 낮은 구축 건물을 매입한 후, 리모델링을 통해 건물의 가치를 높이고 이후 해당 건물을 되팔아 차익을 노리는 투자 방법이 있다.
 구축 건물은 신축 건물에 비해 금전적 부담이 덜하고, 남은 여유 자금으로 건물의 외관 또는 내관을 수리하는 데 투자하게 된다.
 대신 리모델링을 마친 구축 건물은 신축 건물보다 매매가가 저렴해야 하고, 구축 건물보다는 건물의 내·외부 조건이 쾌적해야 한다.
 무엇보다 리모델링 공사비용을 투자함에도 불구하고 처분 이윤을 남길 수 있는지 여러 측면에서 접근해 살펴보아야 한다.

무늬만 리모델링

누차 말하지만, 적은 금액을 투자해 많은 수익을 얻고 싶은 것은 투자자들의 공통된 심리이다. 그러나 리모델링에 있어서는 예외다.

리모델링은 그 기준이 명확하지 않다.

도배나 장판, 몰딩 그리고 실내조명을 교체하고서 리모델링이라고 이야기하는 경우가 있다. 건물주가 분명 나름의 거금을 들여 투자한 게 사실이지만, 어설픈 업그레이드를 통해서는 처분수익도, 임대수익도 원하는 만큼 얻어내기가 어렵다.

건물의 기본 골조 이외의 모든 건물 내·외부를 뜯어고쳐야 리모델링이라고 이야기하는 경우도 있다.

이쪽저쪽 기준은 다르지만, 이왕에 수익을 얻고자 하는 목적의 투자라면 세입자가 선호하는 방 구조, 욕실, 싱크대, 벽지나 장판 등 현재의 트렌드에 발맞춰 과감하게 리모델링해야 한다. 한 해 한 해 변화하는 유행을 참조하되 지나치게 흐름에 과민하지 않도록 무난하게 건물을 꾸며야 임대율도 높이고, 덩달아 수익률도 높일 수 있다.

뒤처진 감각으로 어설프게 투자했다가는 매매와 임대 모두에 실패하게 된다. 리모델링에 투자한 만큼 더 값을 받고 싶겠지만, 그만큼의 값어치가 있는지 없는지는 다른 투자자들 눈에 빤히 보이는 것들이다. 세입자들 역시 높은 월세를 내면서까지 어설픈 구축 건물을 임대하고 싶은 마음이 없을 것이다.

이왕 리모델링에 투자하기로 결심이 섰다면, 원룸이든 아파트든 투자자들의 호감을 살 수 있도록 확실히 투자해야 한다. 위치나 방 구조는 좋은데, 시설이 낡고 촌스러워 그 가치가 저평가된 원룸 다가구 주택이 있다면, 충분히 리모델링에 투자할 만한 가치가 있으니 눈여겨보자.

투자자들은 수익률을 보고 산다

리모델링에 투자했다고 끝나는 게 아니다. 구축 건물에 리모델링을 하는 대부분의 투자자들은 조금이나마 경험이 있으며, 아파트나 다세대 주택에 리모델링을 했다가 수익을 얻은 분들이 원룸 다가구 주택으로 넘어와 투자하는 경우가 상당수이다.

그러나 아파트, 다세대 주택과는 다른 원룸 다가구 주택의 특징이 있다.

구축 원룸 다가구 주택을 깔끔하게 리모델링한 후, 투자금에 얼마의 수익을 더 얹어 팔고자 하겠지만, 여기에서 놓치는 부분이 바로 수익률이다.

원룸 다가구 주택은 어디까지나 수익형이다. 원룸 다가구 주택과 같은 수익형 부동산은 월세를 통해 임대 수익을 창출해내야 한다.

그렇지만, 리모델링에 투자한 비용만큼 비례해 월세를 높여 받을 수는 없다. 어디까지나 위치나 평수, 기타 옵션 등을 고려해 받을 수 있겠다 싶은 월세의 상한치가 존재한다. 원룸 다가구 주택의 리모델링에 대해 경험이 부족한 투자자는 리모델링이 대규모로 이루어지면 신축만큼의 월세를 받을 수 있을 거로 생각한다.

그러나 임대를 원하는 세입자도 매입을 원하는 투자자도 굳이 신축이 아닌 건물에 그 이상의 값어치를 치르고 싶어 하지 않는다. 리모델링에 투자한 금액에 매도자의 희망수익까지 얹어 해당 건물의 매매가는 높아지고, 거기에 비례하여 무작정 월세를 올려 받을 수는 없기 때문에 수익률이 이전과 동일하거나 낮아질 수도 있다.

투자금에 비례한 수익이 나와야 운영하는 데 있어서든, 처분하는 데 있어서든 강점을 지닐 수 있다. 그러므로 해당 건물의 융자이자, 리모델링에 투자한 금액, 그리고 거기에 상응해 올려 받을 수 있는 월세의 상한선 등을 미리 예측하여 리모델링에 적합한 건물인지, 어느 정도 규모의 리모델링을 시행할 것인지를 잘 계획해야 한다.

초기자금이 많이 드는 리모델링

신축 건물을 짓기 위한 목적으로 토지를 매입한 경우, 해당 토지를 담보로 하여 대출을 받아 투자금에 보탤 수 있다. 건물이 완공된 이후에는 해당 건물에 비례해 추가로 대출을 받을 수 있어 초기 자금 확보에 대한 부담을 덜어낼 수 있다.

그러나 구축 건물을 리모델링하는 경우, 기존 세입자들의 우선순위와 기존 대출금액으로 인해 추가적인 대출이 어렵고, 공사로 인해 세입자들을 내보내야 하는 상황이라면 보증금을 반환해주는 등 초기 자금 확보에 어려움이 있을 수 있다.

어렵고 복잡한 절차, 명도

원룸 다가구 주택은 여러 세대로 구성되어 있기 때문에, 리모델링을 시행하고자 할 때 그 처리 과정이 복잡하고, 많은 시간과 노력이 필요로 된다.

대규모 리모델링을 시행하기 위해서는 기존 점유자 즉, 세입자들에게 방을 비워 달라고 요구해야 하는데 이를 '명도'라 한다.

전체 철거로 인해 세입자들 모두를 일괄적으로 내보내야 하는 경우, 보증금을 반환해 주어야 하고, 계약 만료일까지 기한이 남아있다면 부득이 이사비 지원 등 부수적인 지출이 발생한다. 또한, 나가기를 거부하는 세입자는 건물주가 임의로 처리할 수 있는 사항이 아니라서 법적 소송으로까지 이어질 수도 있다.

부분 철거 시에는 공사로 인한 소음이나 여러 불편함으로 인해 기존 세입자들이 계약 해지를 요구할 수도 있고, 전체 공사에 비해 오히려 소요되는 시간이나 비용 면에서 손해가 발생하기도 한다.

전체든 부분이든 리모델링 내내 발생할 수밖에 없는 월세에 대한 손실, 그리고 투자된 금액 전부를 회수하기까지의 긴 공백을 생각해 본다면 신축 건물을 매입하는 것이 오히려 더 득이 될 수도 있다고 생각한다.

8. 임대 관리 방법

1. 보증금은 낮게, 월세는 높게
2. 이사비 지원과 재계약
   - 이사비 지원
   - 재계약
   - 공실보다 월세 할인?
3. 방범 치안
4. 밀린 월세
   - 좀 더 느긋하게
   - 보증금은 안전하게
5. 중개수수료
   - 얼마를 주어야 하나
   - 반전세 또는 전세

6. 임대 전문 사이트를 활용해라
7. 시설물 관리
8. 계약 기간
   - 묵시적 갱신
9. 위탁 관리
   ⓢ 주택임대차보호법
   ⓢ 유치권
   ⓢ 법정지상권

보증금은 낮게, 월세는 높게

 앞서 살펴본 '지렛대 효과'는 원룸 다가구 주택 투자에 있어서도 예외 없이 적용된다.

 과거 은행의 대출 이자율이 높았을 때는, 은행 대출금은 최대한 줄이고 보증금을 올려 받아 자신의 부족한 자금력을 보충했다. 보증금이 비싸다 보니 월세에서 얻을 수 있는 임대 수익이 그다지 크지 않았다.

 그러나 요즘처럼 은행 대출 이자율이 낮은 때에는 은행 대출금으로 자기자본금을 충당하고, 대신 보증금은 낮게, 월세는 높게 받아 수익을 끌어내야 한다. 예금이자가 낮은 은행에 보증금을 묶어두는 것보다 월세 1, 2만 원이라도 더 받는 것이 훨씬 더 이득이기 때문이다.

 원룸 다가구 주택에서는 통상적으로 보증금 100만 원을 월세 1만 원으로 기준하여 월세를 조절할 수 있다.

예를 들어, 세입자가 임대하고자 하는 원룸의 전세 기준가가 5,000만 원이라면, 5,000만 원을 전세금으로 다 줄 수도 있고, 보증금 1,000만 원에 월 40만 원{(5,000-1,000만 원)÷100만 원}, 보증금 2,500만 원에 월 25만 원{(5,000-2,500원)÷100만 원} 등으로 책정할 수도 있다.

은행 '빚'은 지기 싫다고 막연한 거부감을 갖고 있는 투자자들은 대출을 줄이고 보증금을 높이고, 월세를 낮추는 방법으로 운영한다. 작게는 보증금부터 크게는 해당 건물의 매입에 있어서도 '내 돈으로, 내 능력이 닿는 데까지'라는 선 안에서 벗어나지 않고 안전한 투자 방법을 원한다.

전세기준가 5,000만 원짜리 원룸 다가구 주택을 보증금 4,000만 원에 월 10만 원의 금액으로 세를 놓았다고 가정해 보자. 이 경우 임대인의 수익은 1년 치 월세 120만 원(10만 원×12개월)과 보증금 4,000만 원에 대한 미미한 은행 이자가 전부일 것이다.

만약, 은행에서 3,000만 원을 빌려 부족한 자금을 융통하기로 한 경우라면 어떨까? 대출받은 3,000만 원의 여유로 인해 보증금은 1,000만 원까지 낮출 수 있고, 이로 인해 월 40만 원(4,000만 원÷100만)이라는 월세를 책정해 받을 수 있게 된다. 40만 원씩 꼬박꼬박 들어오는 월세로 인한 수입은 1년간 480만 원에 달한다.

최근 2금융권을 기준으로 한 대출 이자가 4%대 전후임을 감안했을 때, 대출받은 3,000만 원의 연이자는 120만 원이다. 1년 치 월세 수입 480만 원에서 은행 대출 이자 120만 원을 제하고도 360만 원의 수익이 남는 셈이다.

1년 동안 월세 120만 원과 약간의 이자 수익을 올렸던 앞서서의 상황과는 무려 3배 가까운 수익의 차이를 보인다.

요즘과 같은 저금리 시대에는 합리적인 대출을 통해 큰 수익을 올릴 수 있으니 반드시 염두에 두어야 할 투자 방법이다.

원룸 A 전세가 기준 5,000만 원

보증금/월세	월세 (1년 기준)	융자	대출이자 (1년 기준)	수익 (월세-대출이자)
5,000/0	0	0	0	0
4,000/10	120	1,000	40	(120-40) = 80
3,000/20	240	2,000	80	(240-80) = 160
2,000/30	360	3,000	120	(360-120) = 240
1,000/40	480	4,000	160	(480-160) = 320

※ 은행 대출 이자 4% 가정

〈만 원 단위〉

대출과 관련하여 또 하나 알아 두어야 할 것은 2금융권의 활용이다.

대출을 받아야 하는 상황이라면, 아무래도 안전하면서도 이자가 낮은 1금융권을 수소문해봐야 하지 않냐는 사람들이 많다. 실제로 제2금융권에 비해 제1금융권이 이자율이 낮고 신용 면에서도 안전한 것이 사실이다.

그러나 제1금융권은 대출 한도가 높지 않고 심사 기준이 까다로워서 대출 금액에 한계가 있다. 거액의 돈을 수시로 융통해야 하는 건축업자들의 상당수는 제1금융권보다는 제2금융권을 더 선호하며, 넉넉한 대출금으로 더 많은 이익을 창출해내고 있음을 투자자들은 반드시 알아두어야 한다.

2 이사비 지원과 재계약

이사비 지원

대구 지역의 건축업자들은 원룸 다가구 주택 완공 후, 해당 건물에 공실이 없도록 100% 입주 상태를 만들어 놓고 매도를 한다.

임대 수입을 얻기 위해 건물을 소유하는 건물주들과 달리, 신축 건물을 팔아 거기에서 오는 차익을 목표로 하는 건축업자들은 하루라도 빨리 건물을 매도하는 것이 이익이다. 매매를 통해 얻은 수익을 토대로 자금을 확보해야만 다음 신축 현장에 신속히 투자할 수 있기 때문이다. 그래서 건축업자가 신축한 원룸 다가구 주택은 다른 경우들에 비해 중개수수료가 많은 편이다.

중개인들 역시 자신의 수수료 중 일부를 세입자에게 이사비 명목으로 지원해주고서라도 계약을 성사시키려 애쓴다. 구축보다 깨끗한 새 건물이 좋은데도 불구하고 높은 월세에 대한 부담으로 선뜻 계약하지 못하는 세입자들의 심리를 공략하는 것이다.

동일한 보증금에 월세 50만 원인 신축 건물과 40만 원인 구축 건물을 살펴보자.

신축 건물과 구축 건물 사이의 1년 치 월세 차액은 총 120만 원{(50만 원×12)-(40만 원×12)}이다. 신축 건물의 건축업자는 중개인에게 100만 원의 수수료를 주기로 약속했고, 중개인은 자신의 수수료 중 60만 원을 세입자에게 지원해 준다. 세입자는 이로써 50만 원짜리 신축 건물을 45만 원(지원받은 60만 원÷12개월=월 5만 원씩 절감)에 임대할 수 있어 그 부담이 줄고, 계약으로 이어질 가능성이 커진다.

중개인이 자기 수수료를 손해 봐가면서까지 굳이 해당 계약을 중개하겠냐고 의아해하겠지만, 중개 시장에서는 흔히 있는 일이라서 신축 건물에 입주하는 세입자 측에서 먼저 지원금을 요구하는 경우도 종종 있다.

깨끗한 신축을 선호하는 세입자들은 많고, 신축의 약점인 비싼 월세 문제를 중개인들이 이런 식으로 해결해준다면, 다수의 계약을 끌어낼 수 있다.

재계약

세입자는 이사비 지원을 통해 성사된 계약이 만료되어갈 때쯤이 되면, 연장을 고민하게 된다. 지원을 통해 신축 건물을 구축 건물 가격에 임대해 지냈으나, 지원이 끝난 1년 후부터는 월세를 기존의 수준으로 부담해야 한다.

이 경우, 건물주는 미리 세입자의 이사 여부나 그 이유에 대해 파악하고, 그 원인이 월세와 관련돼 있다면 그 금액을 다소 낮춰서 재계약을 끌어내는 것이 훨씬 더 유리하다. 그러나 만약 주변 시세가 오르고 있고, 임대 수요층이 풍부해 공실 염려가 없다면 월세를 굳이 내려줄 필요는 없다.

공실보다 월세 할인?

비어있는 방을 놀리는 것보다 월세 할인을 통해 계약을 끌어내는 것이 좋다. 이는 신축 건물이나 구축 건물이나 마찬가지다.

칼자루가 늘 건물주 손에 들려져 있는 것만은 아니다. 주위 상황을 늘 예의주시하고, 한 발짝 물러서야 할 때는 과감하게 내려놓는 것이 좋다.

월세는 그 건물의 값어치이다. 월세를 몇 해 동안 내리지 못하고 고집하는 건물주들의 마음이 이해되지 않는 것은 아니다. 그러나 현실적으로 월세 인하로 인한 손실보다 공실로 인한 손실이 더 크고, 예측하기 힘들다.

꼭 옮겨야 하는 상황이 아닌데도 재계약을 망설이는 세입자가 있다면,

월세를 조금 삭감해주고 재계약하는 편이 수입이나 관리 측면에서 훨씬 이득이다.

월 2만 원을 깎아준다 가정했을 때, 건물주는 1년간 24만 원이나 손해 본다. 그러나 새로운 세입자를 맞이하기 위해 청소며, 도배, 벽지에 들이는 비용, 그리고 또다시 지급해야 하는 중개수수료는 분명 24만 원을 넘어선다. 무엇보다도 기존 세입자가 이사한 이후부터 서너 달 이상 공실이 이어질 수도 있다면, 월세 1, 2만 원에 그렇게 아쉬워할 필요가 없다는 것이다. 아무리 역세권이나 학교 근처 등 위치적으로 우세하더라도, 수요가 적은 비수기에 공실이 발생했다면 예외가 아니다.

세입자는 기존의 계약이 만료되기 보름 내지 1달 전부터 방을 알아보러 다닌다. 즉시 입주하는 경우도 더러 있겠지만, 대부분은 자기가 마음에 드는 방이 있으면 우선 계약금을 걸고, 건물주와 입주하는 날짜를 상의해 정한다.

그러므로 임대가 아무리 잘 되는 지역이라 하더라도 공실 지속 기간이 평균적으로 보름 내지 1달 또는 그 이상이 될 수 있다는 것을 유념해야 한다.

3
방범 치안

 원룸 다가구 주택의 수요층 상당수는 1인 가구를 포함한 소수 형태이며, 그들 중 절반은 여성이다.
 혼자 독립해 사는 여성 세입자들이 적지 않고, 또 꾸준히 늘어날 추세라면 무엇보다 여성들이 민감해하는 안전에 많은 신경을 쏟아야 할 것이다. 굳이 여성이 아니더라도 최근에는 혼자 사는 이들을 노린 범죄가 빈번하게 발생하고 있고, 이 때문에 방범이나 보안에 중점을 두고 방을 구하러 다니는 세입자들이 많아지고 있다.
 1, 2층은 물론이고, 옆 건물과 창이 맞닿아 있는 방이라면 방범창 설치는 기본이다. 건물의 입구나 복도, 주차장에 CCTV를 설치하는 것은 이미 보편화되었고, 도시가스 배관이나 벽체를 타고 침범하는지를 감시할 목적

의 측면 CCTV를 보강 설치한 원룸 다가구 주택들도 점차 늘고 있다.

해당 건물에 사각지대가 존재한다면 이를 보완하기 위해 야간등을 항시 켜둔다거나 곳곳에 CCTV를 설치해 위험 요소를 사전에 제거해 두어야 한다.

〈건물 외벽 CCTV 적외선카메라〉

다소 아쉬운 점은, 건물 시공 당시에 설치된 CCTV의 대부분은 원가 절감을 위한 낮은 사양의 것들이 대부분이라는 점이다. 불미스러운 일로 인해 경찰이 CCTV 녹화분을 요구하더라도 화질이 많이 떨어지고, 특히 야간에는 형체만 알아볼 수 있을 뿐이지 얼굴은 아예 식별하기조차 어렵다.

물론, 건물의 방범 및 보안에 지급되는 비용이 부담스럽거나 불필요하다고 생각하는 건물주들도 있을 것이다. 늘어난 비용을 충당하기 위해선 부득이 월세를 올려야 할 텐데, 임대가 제대로 이뤄질까 염려스럽기도 할 것이다.

한 설문 조사에 따르면, 혼자 사는 여성들 10명 중 절반 이상이 자신의 현재 주거지에 불안감을 느낀다고 한다. 그들이 꼽은 불안의 요인으로는 CCTV나 방범창 등의 시설이 미비하다는 점, 건물 내부의 계단이나 복도 등 구석지고 어두워 몰래 숨어들기 좋은 장소가 있다는 점 등이다.

〈무인 택배 보관함〉

최근 신축되는 원룸 다가구 주택은 이러한 수요층의 요구에 발맞춰 방범창과 CCTV, 디지털 현관 도어 록을 필수로 구비하고, 그밖에 무인경비·

무인택배 시스템, 창틀에 침입 센서 경보시스템 등을 추가로 설치해 여성 세입자들에게 상당한 인기를 끌고 있다. 택배나 배달로 인해 워낙 현관 비밀번호가 오픈되기 쉽다 보니, 건물 입구나 계단, 복도에 CCTV를 설치해 오가는 이들을 체크하는 형태로 보안을 강화한 원룸 다가구 주택들도 있다. 세입자가 부재중일 때 택배를 따로 보관할 수 있도록 아예 무인 택배 보관함을 설치하는 건물들도 늘고 있다.

갈수록 커지는 범죄에 대한 불안감은 주거지의 안전을 위협하고 있고, 이에 대한 관심은 굳이 여성 세입자에게만 국한되는 부분이 아니다. 월세든 보증금이든 얼마를 더 지급하고서라도 거주하는 동안 안전하다고 느껴진다면, 다른 몇몇의 조건들이 만족스럽지 않더라도 또다시 계약하고자 할 것이다.

방범 및 보안을 위해 추가 비용을 부담해야 하는 것은 분명하고, 이로 인해 월세도 높게 책정되겠지만, 그 때문에 확보되는 임대 수요층은 존재할 테니 확실히 의미 있는 투자라고 생각한다.

밀린 월세

건물주와 세입자 사이에서 가장 민감한 부분이 월세가 아닐까 한다.

특히나 다수의 세입자와의 관계가 얽혀 있는 원룸 다가구 주택의 경우, 월세 지연 시 건물주가 어떻게 대처해야 하는가는 운영관리 측면에서 매우 중요한 부분이다.

좀 더 느긋하게

월세가 약속한 날짜에서 하루만 미뤄져도 곧장 세입자에게 전화를 걸어 통보하고 독촉하는 건물주들이 꽤 있다.

그러나 세입자 입장에서 생각해보면, 아마도 의도치 않게 월세 날짜를

깜빡한 경우이거나 상황이 여의치 않아 입금이 다소 늦어지는 경우가 대부분이다. 1, 2주 정도는 마음의 여유를 갖고 기다려주면서, 간단히 문자로 월세 입금 날짜가 경과했음에 대해 인지시켜주는 것이 좋은 방법이라 생각한다.

그러나 월세가 한두 달 이상 지연된다면, 현재 세입자는 분명 금전적인 어려움을 겪고 있을 것이다. 이를 독촉하고 몰아세운다고 해서 당장의 문제가 해결되는 것은 아니다.

월세가 연체되어 속이 타는 것은 건물주뿐만이 아니다. 악덕 세입자가 아니고서야 대부분의 임차인들은 밀린 월세로 인해 심리적 압박감을 느낀다. 건물주의 독촉 전화에 못 이겨 연락을 피한다거나, 여러 가지 핑계들을 둘러대느라 이 둘의 관계는 점차 악화된다.

맘 편한 소리라 할지 모르겠으나, 한두 달 정도 월세가 지연된다 하더라도, 이로 인한 건물주의 걱정을 덜어주기 위해 보증금이라는 장치가 있다. 이 점을 떠올린다면, 월세 문제로 크게 조급해할 필요도 없고, 더불어 임차인과의 관계도 원만히 유지될 수 있다고 생각한다.

보증금은 안전하게

다시 말하지만, 보증금은 월세 연체로 인한 손실을 미연에 방지하기 위한 하나의 보험 장치이다. 그러니 월세를 기준으로 하여 어느 정도는 넉넉히 보증금을 받아두어야 한다.

간혹 월세 수익을 높이기 위해 무조건 보증금을 적게 받는 건물주들도 있다. 그러나 가끔이지만 악덕 세입자를 만나 몇 달씩 월세를 못 받게 되는 상황이 이어지면, 나중에는 보증금으로도 충당하지 못하게 될 수도 있다.

그러므로 최소한 12개월 치 월세 정도는 충당할 수 있을 만큼의 보증금을 확보해 두고, 월세 체납이 발생했을 때는 최대한 여유로우면서도 인간적인 방법으로 해결해나가야 한다.

그럼에도 월세 체납이 계속된다면 미납 현황과 청구에 대한 사항들을 내용 증명해 세입자에게 보내고, 이후 점유 이전 금지 가처분 신청을 한다. 이는 해당 세대에 체납의 당사자가 아닌 다른 사람이 살고 있으면, 명도 소송에서 승소하더라도 강제 집행을 할 수가 없기 때문이다. 이후 명도 소송이 이뤄지고 승소 판결이 나면 강제 집행이 이루어진다.

위와 같은 법적 절차는 어디까지나 최후의 수단이다. 소송이 진행되는 수개월 동안 해당 원룸의 월세를 받지 못하는 것은 물론이고, 강제 집행하더라도 금전적 손실을 100% 보상받을 수 있는 것 또한 아니다. 때문에 건물주는 이러한 법적인 과정을 밟지 않아도 될 만큼 넉넉히 보증금을 확보해 두는 것이 상책이다.

5 중개 수수료

건물 외벽에 붙어 있는 '빈방 있음', '집주인 직접' 같은 글귀들은 원룸을 구하려고 두리번거리는 사람이 아니더라도 흔히 볼 수 있는 광경이다.

'이 집은 왜 이렇게 빈방이 안 나가지?', '건물주랑 직접 계약하면 수수료를 주지 않아도 되겠군.'이라고 생각할 수도 있겠지만, 현실은 보이는 글귀들과 다를 확률이 더 높다. 실제로 해당 건물에는 빈방이 있지도 않고, 건물주와 직접 거래할 수 있는 것도 아닐 수 있다는 것이다. 이들 대부분은 손님을 현장으로 끌어내기 위해 중개인들이 사용하는 하나의 광고 전략이다.

요즘은 부동산 사무실을 방문하거나, 광고 전문 신문들을 찾아보거나 하는 방식으로 방을 구하는 이들이 적은 편이다. 인터넷 광고나 각종 블로그, 앱과 같은 다양한 매체를 통해 주로 온라인상으로 손님들을 만난다.

광고를 게재한 수많은 중개인들 중 몇몇만 경쟁 끝에 손님을 만나 안내를 하게 되고, 만약 임대차 계약이 성사되면 중개인은 세입자와 건물주로부터 각각의 수수료를 지급받게 된다. 간혹 중개인들 사이의 경쟁 또는 계약 유치의 한 전략으로, 세입자로부터 받아야 할 중개 수수료 일부를 깎아 준다거나 아예 받지 않는 경우도 많다.

얼마를 주어야 하나

만일 임차인 대상의 수수료를 온전히 받지 못했거나, 아예 받지 못했다면 중개인들이 수고비를 충당할 수 있는 곳은 오로지 건물주밖에 없다. 중개료에 대한 법정수수료 기준이 있으나, 실제 현장에서 지켜지는 경우는 드물다고 본다.

대구 지역은 한 달 월세 해당하는 금액을 중개 수수료로 주는 게 통상적이다. 기준가 5,000만 원짜리 원룸 방 한 칸을 보증금 500만 원/월세 45만 원에 계약했다면, 중개인이 받는 수수료는 45만 원이 되는 것이다.

반전세 또는 전세

위의 경우와 달리, 전세 5,000만 원으로 계약하는 경우나, 반전세 2,500만 원에 월세 25만 원으로 계약했을 때는 중개수수료 책정이 애매한 부분이 있다.

　기준가가 5,000만 원이라는 점은 동일하지만, 온전히 전세금만 받거나 보증금 액수가 커지게 되면 당연히 월세는 없거나 적다. 일반 임대에 비해 월세 수입이 많지 않다 보니, 건물주는 중개수수료에 있어 인색해지게 된다.

　만약 세입자가 아닌 건물주 쪽에서 전세나 반전세를 원하는 상황이라면, 위에서 예를 든 원룸의 경우 40~45만 원 정도의 중개 수수료가 적당하며, 건물주가 아닌 중개인 쪽에서 전세나 반전세를 부탁하는 상황이라면, 중개수수료를 조금 깎아 부르더라도 중개인들이 이해하는 편이다.

　법으로 정해진 수수료가 있음에도 불구하고, 관행처럼 한 달 치 월세를 수수료로 챙겨달라는 중개인들이 있다. 방이 잘 나가지 않거나, 공실로 인한 손실이 생길까 염려스러운 건물주들은 울며 겨자 먹기식으로 계약할 수밖에 없다고 하소연하기도 한다.

　그러나 중개인들 입장에서는 한 건의 계약을 성사시키기 위해 시간과 발품을 팔고, 임차인에게 받을 중개 수수료까지도 과감히 포기할 것을 감수한다. 중개인들의 자기 배 채우기 전략이 아니냐 이야기할 수도 있겠지만, 달리 생각해보면 건물주 역시 이로써 빈방이 계약되고 공실로 인한 손실을 막아낸 셈이니, 중개 수수료에 너무 야박해서는 안 될듯하다.

　밥값이나 담뱃값, 하다못해 수고했다는 말 한마디를 건네주며 다음을 부탁하면, 중개사 입장에서도 다른 곳보다 해당 건물에 먼저 손님을 끌어다 붙일 테고, 건물주는 빈방을 부탁하는 데 있어 부담이 덜하게 될 것이다.

6 임대 전문 사이트를 활용해라

　예전에는 건물에 빈방이 생기면, 건물주가 직접 인근 부동산을 방문하여 임대해줄 것을 의뢰하는 것이 보편적인 방법이었다.

　건물주로부터 의뢰받은 부동산이 많으면 많을수록, 임대희망자와의 접촉은 많아질 테고, 그만큼 계약이 성사될 가능성은 커지게 된다. 이는 빈방이 오래 지속되는 것을 막아주어서, 공실로 인한 손실을 직접적으로 방지해주는 중요한 역할을 담당했다.

　그러므로 건물주는 더 부지런히 발품을 팔아야 했고, 부탁을 받는 입장에 서 있는 부동산들은 말 그대로 느긋한 입장이었다. 때때로 마음 급한 건물주가 직접 전봇대나 건물 외벽에 '빈방 있음' 종이를 붙이고 다니기도 했다. 그러나 요즘은 상황이 많이 달라져 '빈방 있음' 전단지는 주로 부동산 중개소에서 전담하게 되었다. 경쟁이 심해졌기 때문이다.

　대구의 경우, '온하우스'라는 사이트가 생겨남으로 인해 다수의 건물주들과 다수의 부동산 중개인들을 이어주는 매개체 역할을 해주고 있다.
　건물주는 일부러 중개소나 중개인들을 찾아다니며 부탁하지 않아도 되며, 세입자들은 예전만큼 수수료를 지급하지 않아도 되는 상황이 되었다. 하나의 사이트를 통해 대구 전 지역 물권을 공유함으로써 중개인들끼리의 경쟁이 활발해졌기 때문이다.
　오픈된 임대 시장에서 중개인들이 가진 정보 경쟁력은 비슷하고, 그러다 보니 방을 구하는 세입자는 여러 부동산에 의뢰한 후, 가격 면에서 좀 더 이득이 되는 곳을 선택해 실속을 차릴 수 있다.
　대구 지역의 원룸 다가구 주택을 보유한 건물주는 공실이 발생한 경우, '온하우스'라는 사이트에 연락해 '빈방 있음'을 게시해 줄 것을 의뢰한다.
　사이트를 통해 게시된 각각의 공실 현황은, '온하우스' 사이트에 가입한 중개인들에게 오픈된다. 대구 지역에 있는 다수의 중개인들이 해당 사이트에 접속하는 것으로 하루 일과를 시작한다고 해도 과언이 아니다. 한두 구역을 제외한 대구 전 지역의 정보가 다량으로 확보되어 있다 보니, 원룸 다가구 주택을 전문적으로 임대하는 중개인들에게는 매우 중요한 역할을 한다.
　특정 중개소가 단독으로 정보를 독점하는 일이 줄어들어, 각자의 정보

경쟁력은 그만큼 떨어진다. 그 과정에서 중개수수료에 낀 거품이 빠졌다 할 수도 있겠고, 중개인들의 수입이 예전보다 빠듯해졌다 할 수도 있겠다. 그러나 개개인이 파악하기 힘든 넓은 영역의 많은 물권들을 공유할 수 있게 되었으니, 중개인들의 활동 영역은 이전보다 훨씬 광범위해졌다.

최근 각종 매체를 통해 많이 알려진 '다방', '직방'과 같은 어플이나 사이트들은 모두 유료화로 운영되는 시스템이지만, 대구 '온하우스'의 경우는 그렇지 않다.

임대를 의뢰하는 건물주가 부담해야 하는 비용은 전혀 없고, 대신 부동산 중개소 또는 중개인들이 가입비를 지급하여 이를 통해 유지·운영되는 시스템이다. 건물주들은 전화 한 통으로 여러 중개소에 임대를 의뢰하는 셈이니, 전단지 붙이기가 중개인들의 몫이 된 것은 어찌 보면 자연스러운 현상이다.

물론 여러 채의 건물을 소유하고 있거나, 임대업을 한 지 오래돼 중개업계와의 친분이 남다른 건물주들은 '온하우스'에 의뢰하는 데서 그치지 않고, 몇몇 중개인들에게 따로 연락해 공실을 부탁하기도 한다.

'온하우스'가 생기기 전에는 해당 건물이 위치한 주변 중개소를 통해 주로 계약이 이루어졌었는데, 이제는 위치나 거리 상관없이 계약이 성사된다. 대구 지역에서 '온하우스'가 중요한 중간 다리 역할을 하는 것처럼, 서울, 부산, 대전과 같은 타 지역에도 이와 유사한 사이트들이 구축되어 있을 것이다.

원룸 다가구 주택을 운영하고 있거나 운영을 할 계획이라면, 이런 사이트들에 대해 미리 파악하고 활용하는 것이 많은 도움이 된다.

7 시설물 관리

한 건물 내에 여러 세대가 함께 주거하는 형태인 원룸 다가구 주택은 다른 형태의 부동산에 비해 관리하기가 조금 까다로운 편이다. 각기 다른 직업과 성향의 사람들 다수가 한 건물 내에 거주하고 있으니 당연한 얘기이다.

세입자들이 건물주에게 황급히 연락을 취할 때는 뭔가 중대한 사건이 터졌구나라고 생각하겠지만, 실제로 그들이 건물주나 관리인을 찾는 이유는 사소한 것들이다. '하수구에서 냄새가 난다', '변기가 막혔다', '화장실에 등이 고장 났다', '현관 불이 너무 어둡다'는 내용이 절반 이상이다.

물론 건물주나 관리인의 도움 없이 세입자가 직접 해결할 수 있는 부분들도 있다. 누가 해결할 부분인가를 따져 묻기보다는, 내 가족의 일이라는 마음으로 그들의 입장을 헤아려 보는 자세가 필요하다. 특히나 원룸 다가구 주택의 주요 고객은 1인 가구이고, 그들의 절반 정도는 여성들이거나 혼자 살아본 경험이 많지 않은 사회초년생들 또는 학생들일 것이다.

실제로 도어락이 고장 났다고 전화를 한 여성세입자에게, '그건 쓰다가 고장 낸 거니 알아서 고쳐 쓰라'고 얘기했다는 건물주에 대해 들어 본 적이 있다.

언뜻 틀린 말이 아닌 듯싶지만, 임대인은 세입자가 안전하게 주거할 수 있도록 최소한의 환경을 제공해 줄 의무가 있다. 더구나, 고장 난 도어락은 세입자들의 안전과 직결되는 부분이며, 계약 기간 내에 세입자에게 사용할 수 있도록 임대해준 방의 일부이다. 의도적으로 세입자가 훼손한 경우가 아니라면, 그것 또한 언젠가는 고장 날 수도 있는 소모품의 일종인 것이다. 보일러나 옵션으로 제공한 에어컨, 냉장고 등이 고장 났다고 해서 세입자에게 고쳐 쓰라고 말할 수 없을 테니 이와 같은 맥락이라 생각한다.

건물주 입장에서는 생각지도 않은 지출일 수도 있겠으나, 내 건물에 살고 있는 세입자들이 안전하고 편하게 생활하고 있다는 것은 당장은 기분 좋은 일이고, 멀리 봐서는 공실을 줄일 수 있는 현명한 대처이다.

월세든 전세든 새로운 집을 구해 이사하는 것은 시간과 노력, 비용이 동반되는 골치 아픈 일이다. 특별한 이유가 있어서가 아니라면, 굳이 그런 수고로움을 선택할 세입자는 없다는 얘기다. 친절한 건물주를 만나 편하게 잘 지냈었는데, 부득이 이사 가게 되어 아쉽다는 이들도 있다.

좀 더 그들의 입장에서 바라보고, 또 거주하는 데 불편한 점은 없는지 평소에 귀 기울여주어야 한다. 중대한 불편함이 없다면 한 건물에 쭉 거주하거나, 심지어 가까운 친구들이나 지인들에게 소개해서 한 건물에 함께 사는 경우도 있다. 세입자들에 대한 관심과 지출은 일종의 투자라고 보는 게 옳다고 생각한다.

빠른 대처 또한 중요하다. 건물주가 같은 건물에 함께 거주하지 않는 이상, 현관이나 계단에 센서 등이 작동하지 않는다거나, 복도 유리창이 깨졌다거나 하는 문제점들은 수시로 방문해 확인하기가 사실 어렵다. 그러니 세입자 쪽에서 먼저 불편함을 얘기해 주었을 때, 그 문제들을 해결하는 데까지 걸리는 시간을 최소화할 필요가 있다.

해당 건물이 겨울철이나 장마 기간에 환기가 잘 되지 않아 습한 편이라면, 세입자들이 결로나 곰팡이 문제로 불편해하기 전에 미리 환기에 대해 부탁하는 글귀들을 건물에 비치해 놓는 것도 나름의 방법이다. 그 밖에 서로 주의해 주었으면 하는 사항들, 또는 문제가 발생했을 때 해결할 수 있는 방법이나 연락처들을 건물 내에 게시해 두는 것도 좋다.

이처럼 사전에 서로 배려해줄 수 있는 부분들은 배려해주고, 분쟁이 될 만한 것들은 서로 오픈하여 조심한다면, 건물주와 세입자의 관계가 훨씬 원만해질 테고, 이로 인해 분명히 공실률도 낮출 수 있을 거로 생각한다.

8
계약 기간

단기 임대

원룸 다가구 주택의 임대차계약기간은 보통 1년이다. 이는 통념상 그러할 뿐, 1년이라는 기간에 고정관념을 가질 필요는 없다. 주요 임대 층이나 주변 여건에 맞춰 '장기'로 또는 '단기'로 계약하는 형태로 융통성 있게 임대를 이어가야 한다.

1년을 임대차하기로 계약한 임차인이 본인의 일방적인 사정으로 인해 기간 도중에 계약을 해지하고자 한다면, 임대인으로부터 계약 해지에 대한 동의를 얻어내야 한다. 그러나 임대인의 입장에서 생각해보면, 중도 해지로 인해 발생할 공실, 또 한 번 지급해야 할 중개 수수료 등을 염려하여 해지 동의를 해주지 않을 가능성이 훨씬 더 높다.

임대인의 계약 해지 동의 없이 이사를 나가는 것 자체는 문제가 되지 않지만, 임대인은 계약이 만료되는 시점까지는 임대인으로부터 보증금을 반환받을 수가 없고, 남은 기간 동안 월 임대료도 계속 지급해야 한다. 그래서 대부분의 경우, 임차인 본인이 직접 부동산에 의뢰해 본인의 방을 임대하고 중개 수수료를 부담한다.

이처럼 개인 사정으로 1년의 기간을 다 채우지 못할 상황의 임차인들은 단기로 머무를 수 있는 방을 얻고자 하지만, 대다수의 임대인들은 단기 계약을 꺼린다. 중개 수수료, 공실에 대한 염려, 임차인이 바뀔 때마다 교체해야 할지 모르는 도배나 장판 등의 비용 등이 부담스럽기 때문이다. 그러니 임차인은 부득이 1년 내지는 2년이라는 기간으로 계약할 수밖에 없다.

그러나 일부 셈이 빠른 임대인들은 이러한 단기 계약 수요층을 놓치지 않고, 계약에 몇몇 특약을 넣어 계약을 끌어내고 있다. 단기 계약으로 인해 임대인 본인이 입게 될 손실을 미리 감안하여 보증금이나 월 임대료를 기존보다 조금 높게 책정하는 형태로 부담은 줄이고 수익은 유지한다.

그리고 단기 계약을 원하는 수요에 비해 임대하겠다는 건물주들이 많지 않기 때문에, 중개인들은 정상적인 수수료의 절반이나 1/3 정도를 받더라도 단기계약을 받아주는 임대인들을 찾게 된다.

기존 임차인들이 계약을 연장하고자 할 때에도 굳이 년 단위의 기간에 연연해 할 필요 없다. 3개월이나 6개월 등 임차인이 원하는 기간에 맞춰 연장하되, 앞선 경우들처럼 별도의 특약을 걸어 수익의 결손을 대비해두면 된다. 이는 대부분의 지역에 해당하는 이야기이지만, 대학교 인근의 입학 시즌처럼 수요층이 있고 없고가 확연한 지역은 단기 계약이나 3, 6개월 단위의 계약 연장에 따른 손실이 크므로 피해야 한다.

묵시적 갱신

기존 계약의 연장을 원하지 않는 경우, 임대인은 임대차 기간이 만료되기 전 6개월에서 1개월까지의 기간 동안 임차인에게 계약갱신 거절통지를 해야 한다. 임차인의 경우는 임대차 기간 만료 1개월 전까지 임대인에게 통지해야 한다.

만약, 둘 중 어느 한 쪽도 서로에게 통지하지 아니한 경우, 해당 임대차 계약은 자동으로 연장되며, 이를 '묵시적 갱신' 또는 '법정 갱신'이라 한다.

갱신된 계약은 기존 계약의 모든 조건을 동일하게 안고 가지만, 그 기간은 기존계약 기간과 상관없이 2년으로 한다. 묵시적 갱신으로 연장된 2년 이내에 임차인에게 계약 해지를 통고할 수 없지만, 임차인은 기간 내 언제든지 임대인에게 계약 해지를 통고할 수 있다. 임대인이 임차인으로부터 해지를 통고받은 날로부터 3개월이 경과하면, 그 효력이 발생하게 되고 임차인에게 임대인은 보증금을 반환해야 한다.

묵시적 갱신(법정 갱신)에 대해 명확히 알지 못하는 임대인들은 계약 기간을 기존의 계약과 동일하게 1년이라고 주장하거나, 계약 기간이 남았으니 임차인이 직접 방을 놓고 나가야 한다는 등의 요구를 하기도 한다. 앞서 살펴본 묵시적 갱신에 의하면, 임차인은 묵시적 갱신 이후 계약 기간이 남아있더라도 임대인에게 해지를 통고할 수 있으므로, 해지 통고를 받은 임대인은 보증금 전부를 임차인에게 반환해야 하고, 물론 임차인이 기존의 방을 직접 세놓고 나가야 할 의무는 없다.

법적인 부분을 무시하고, 계약 연장이나 그 기간 또는 보증금 반환 의무에 대해 납득하지 못하는 임대인들이 의외로 많다. 소송으로 시시비비를 가려보자고 덤벼보아도 위의 절차들은 모두 합법한 것이므로 임대인에게 유리할 것은 없다.

이러한 분쟁을 피하고 싶다면 묵시적 갱신이 이뤄지기 전에 미리 계약 해지를 통고하거나 계약서를 다시 작성하는 방법을 취하면 된다.

9 위탁 관리

건물주가 다른 지역에서 거주하고 있다거나, 개인적인 사정으로 세입자들의 전화를 일일이 받기가 힘든 경우, 또는 월세 미납이나 공실과 관련하여 직접 세입자들을 응대하는 것에 미숙하거나 꺼려지는 건물주들은 그들의 역할을 대신해주는 관리 업체들을 이용하기도 한다.

아직 대구 지역에는 원룸 다가구 주택 건물을 전문적으로 관리하는 업체가 없기 때문에, 위와 같은 불편함을 겪는 건물주들은 해당 건물의 매매를 중개했던 중개소, 또는 임대 관리에 능숙한 주변 중개인들 중 한 명에게 관리인 역할을 위탁하는 경우가 많다.

이들 관리 대행 중개인들은 세입자들의 불편사항을 대신 접수해 건물주에게 알려주거나, 본인 선에서 해결할 수 있는 부분은 직접 처리하기도 한다.

또한, 해당 건물의 공실이 발생하면, 건물주를 대신해서 '온하우스'와 같은 사이트에 등록하거나 주변 부동산에게 의뢰하는 등의 일을 처리하기도 한다. 세입자가 이사 나간 빈방의 상태를 확인해 청소나 수리, 그리고 도배, 벽지 등의 처리가 필요하다면 건물주에게 알려주고, 대신 처리해야 할 부분은 상의해 처리한다.

관리 대행 중개인들은 임대나 월세 문제와 관련된 다양한 정보를 건물주에게 제공해주는 역할도 한다.

구역에 따라 조금 차이가 있겠으나, 빈방이 금방 채워지는 성수기와 좀처럼 빈방이 나가지 않는 비수기는 반드시 존재한다. 대학교 인근을 예로 든다면, 입학과 개강을 앞둔 1, 2월쯤은 방을 구하는 학생들이 많은 성수기에 해당하며, 그 외의 시기는 비수기로 방이 잘 나가지 않는다. 해당 건물 주변의 성수기와 비수기의 흐름은 건물주도 물론 파악하고 있겠지만, 임대 시장에서 실제로 뛰고 있는 관리 대행 중개인들이 훨씬 더 세부적이고 정확하게 파악하고 있는 부분들이 있을 것이다.

성수기인 경우, 공실이 오래 지속되지 않고, 건물주가 원하는 제 가격에 임대를 놓기가 수월한 게 당연하다. 그러나 비수기인 경우에는 한 차례 더 생각해볼 필요가 있다. 1, 2달 빈방으로 내버려 두면서 생기는 손실보다는 차라리 1, 2만 원 월세를 깎아주더라도 계약을 따내는 것이 금전적으로 더 유리하다. 짧게는 2, 3달, 길게는 5, 6개월 이상씩 빈방으로 놀리느라 몇

십, 몇백만 원의 손해를 고스란히 떠안고 있으면서도, 월세는 단 1만 원도 깎아줄 수 없다고 고집을 부리는 건물주들이 있다.

　이럴 때 시장 흐름을 잘 알고 있는 중개인이 나서서 조율을 하게 되면, 세입자는 월세를 낮출 수 있어 좋고, 건물주는 공실로 인한 손실을 최소화할 수 있어 서로서로 이득이 된다. 무작정 전화를 걸어 월세를 깎아달라는 부동산 직원들에 대한 응대에 있어서도, 어느 정도 부동산 시장의 생리를 잘 아는 중개인이 대신 나서서 일을 처리하는 편이 더 유리할 것이다.

　이들 관리 대행 중개인들에게 주어지는 수고료는 건물 내 방 개수에 따라 달라지겠으나, 월 평균 2, 30만 원 정도이고, 방 개수가 평균보다 많다거나 공실 및 기타 관리하고 신경 써야 할 부분들이 많다면 수고료의 액수는 당연히 달라질 수 있다.

　소유 건물이 여러 채이거나 수익형 부동산에 대한 노하우가 있는 건물주들은, 굳이 관리인이나 부동산 쪽에 따로 부탁하지 않고 스스로 관리하는 경우도 있다. 그러기 위해서는 부동산 관련 정보가 밝아야 하고, 여러 부동산들을 방문하고 수시로 접촉하는 노력을 통해 임대 흐름을 미리 파악하고 있어야 한다.

　건물주가 직접 관리를 해야 하는지, 관리인을 따로 둬야 하는지에 대해 정해진 것은 없다. 건물주 본인의 성향과 여건에 맞춰 이득이 되는 쪽을 선택하면 될 것이다.

💰 주택임대차보호법

> 제1조(목적) 이 법은 주거용 건물의 임대차(賃貸借)에 관하여 「민법」에 대한 특례를 규정함으로써 국민 주거생활의 안정을 보장함을 목적으로 한다.

계약 자유의 원칙을 준수하되, 사회적인 약자인 임차인을 보호할 목적으로 주택임대차보호법을 규정한다.

주택 부족과 집값 상승으로 인해 내 집 마련이 어려워진 무주택자들의 기본 주거생활을 안정적으로 도모하기 위해 마련된 특별법이다. 특별법이라는 특성상 민법에서의 임대차 규정보다 우선하여 적용한다.

> 제2조(적용 범위) 이 법은 주거용 건물(이하 "주택"이라 한다)의 전부 또는 일부의 임대차에 관하여 적용한다. 그 임차주택(賃借住宅)의 일부가 주거 외의 목적으로 사용되는 경우에도 또한 같다.

주택임대차보호법은 주거용 건물의 임대차에만 적용되는데 공부상의 표시만을 기준으로 판단하는 것은 아니고 그 실지용도에 따라 판단한다. 용도 기준 시점은 계약을 체결할 때 기준이 주거용이면 된다.

한 동의 건물 전부나 그 일부를 임대하든 상관없이 적용된다. 또한, 주택의 종류가 단독 주택(다가구 주택, 다중 주택 등)이라도 공동주택(아파트, 다세대 주택 등)이라도 모두 적용의 대상이다. 주택 이외의 건물은 적용되

지 않는다. (공장용, 상가용 등)

　주거용으로 사용되는 면적이 비주거용에 비해 넓거나, 비주거용으로 사용되는 부분이 넓더라도 주거용으로 사용되는 면적이 상당 부분을 차지한다면 이는 주거용 건물로 인정하고 있다.

　이처럼 주거용과 비주거용으로 겸용된 경우는 평수에 따라 결정될 수도 있지만, 전체적으로 판단해서 결정하고 있다.

제3조(대항력 등)

① 임대차는 그 등기(登記)가 없는 경우에도 임차인(賃借人)이 주택의 인도(引渡)와 주민등록을 마친 때에는 그 다음 날부터 제삼자에 대하여 효력이 생긴다. 이 경우 전입신고를 한 때에 주민등록이 된 것으로 본다.

② 주택도시기금을 재원으로 하여 저소득층 무주택자에게 주거생활 안정을 목적으로 전세임대주택을 지원하는 법인이 주택을 임차한 후 지방자치단체의 장 또는 그 법인이 선정한 입주자가 그 주택을 인도받고 주민등록을 마쳤을 때에는 제1항을 준용한다. 이 경우 대항력이 인정되는 법인은 대통령령으로 정한다. 〈개정 2015.1.6〉

③ 「중소기업기본법」 제2조에 따른 중소기업에 해당하는 법인이 소속 직원의 주거용으로 주택을 임차한 후 그 법인이 선정한 직원이 해당 주택을 인도받고 주민등록을 마쳤을 때에는 제1항을 준용한다. 임대차가 끝나기 전에 그 직원이 변경된 경우에는 그 법인이 선정한 새

로운 직원이 주택을 인도받고 주민등록을 마친 다음 날부터 제삼자에 대하여 효력이 생긴다. 〈신설 2013.8.13〉

④ 임차주택의 양수인(讓受人)(그 밖에 임대할 권리를 승계한 자를 포함한다)은 임대인(賃貸人)의 지위를 승계한 것으로 본다.
〈개정 2013.8.13〉

⑤ 이 법에 따라 임대차의 목적이 된 주택이 매매나 경매의 목적물이 된 경우에는 「민법」 제575조 제1항·제3항 및 같은 법 제578조를 준용한다. 〈개정 2013.8.13〉

⑥ 제5항의 경우에는 동시이행의 항변권(抗辯權)에 관한 「민법」 제536조를 준용한다. 〈개정 2013.8.13〉

주택임대차에 있어서 대항력을 인정받기 위해서는, 주택의 인도와 주민등록을 마칠 것을 필요로 한다.

이때, 주택의 인도란 임차인이 실제로 해당 주택에 입주를 한 경우, 본인의 이삿짐만 옮겨놓은 경우, 그리고 임차인이 직접 점유하지 않더라도 타인이 점유함으로 인해 간접점유하고 있는 경우 등 임차인이 사실적으로 지배하고 있음을 의미한다.

또한, 전입신고 후 주민등록 처리까지는 시간이 걸리기 때문에, 전입신고를 한 때에 주민등록이 된 것으로 본다. 주택의 인도와 주민등록 둘 모두를 갖추어야 하며, 어느 하나만으로는 대항력을 가질 수 없다. 두 가지

요건을 갖추었다면, 그 다음날 오전 영시부터 대항력이 발생한다.

제3조의 2(보증금의 회수)

① 임차인(제3조 제2항 및 제3항의 법인을 포함한다. 이하 같다)이 임차주택에 대하여 보증금반환청구소송의 확정판결이나 그 밖에 이에 준하는 집행권원(執行權原)에 따라서 경매를 신청하는 경우에는 집행개시(執行開始)요건에 관한 「민사집행법」 제41조에도 불구하고 반대의무(反對義務)의 이행이나 이행의 제공을 집행개시의 요건으로 하지 아니한다. 〈개정 2013.8.13〉

② 제3조 제1항·제2항 또는 제3항의 대항요건(對抗要件)과 임대차계약증서(제3조 제2항 및 제3항의 경우에는 법인과 임대인 사이의 임대차계약증서를 말한다)상의 확정일자(確定日字)를 갖춘 임차인은 「민사집행법」에 따른 경매 또는 「국세징수법」에 따른 공매(公賣)를 할 때에 임차주택(대지를 포함한다)의 환가대금(換價代金)에서 후순위권리자(後順位權利者)나 그 밖의 채권자보다 우선하여 보증금을 변제(辨濟)받을 권리가 있다. 〈개정 2013.8.13〉

③ 임차인은 임차주택을 양수인에게 인도하지 아니하면 제2항에 따른 보증금을 받을 수 없다.

④ 제2항 또는 제7항에 따른 우선변제의 순위와 보증금에 대하여 이의가 있는 이해관계인은 경매법원이나 체납처분청에 이의를 신청할 수 있다. 〈개정 2013.8.13〉

제2항 및 제3항의 법인을 ⑤ 제4항에 따라 경매법원에 이의를 신청하는 경우에는 「민사집행법」 제152조부터 제161조까지의 규정을 준용한다.

⑥ 제4항에 따라 이의신청을 받은 체납처분청은 이해관계인이 이의신청일부터 7일 이내에 임차인 또는 제7항에 따라 우선변제권을 승계한 금융기관 등을 상대로 소(訴)를 제기한 것을 증명하면 해당 소송이 끝날 때까지 이의가 신청된 범위에서 임차인 또는 제7항에 따라 우선변제권을 승계한 금융기관 등에 대한 보증금의 변제를 유보(留保)하고 남은 금액을 배분하여야 한다. 이 경우 유보된 보증금은 소송의 결과에 따라 배분한다. 〈개정 2013.8.13〉

⑦ 다음 각 호의 금융기관 등이 제2항, 제3조의3 제5항, 제3조의4 제1항에 따른 우선변제권을 취득한 임차인의 보증금반환채권을 계약으로 양수한 경우에는 양수한 금액의 범위에서 우선변제권을 승계한다.
〈신설 2013.8.13, 2015.1.6, 2016.5.29〉

⑧ 제7항에 따라 우선변제권을 승계한 금융기관 등(이하 "금융기관등"이라 한다)은 다음 각 호의 어느 하나에 해당하는 경우에는 우선변제권을 행사할 수 없다. 〈신설 2013.8.13〉

1. 임차인이 제3조 제1항·제2항 또는 제3항의 대항요건을 상실한 경우
2. 제3조의3 제5항에 따른 임차권등기가 말소된 경우
3. 「민법」 제621조에 따른 임대차등기가 말소된 경우

⑨ 금융기관 등은 우선변제권을 행사하기 위하여 임차인을 대리하거나 대위하여 임대차를 해지할 수 없다. 〈신설 2013.8.13〉

경매나 공매가 진행되는 경우, 제3조 1항에서 설명한 대항요건과 확정일자를 갖춘 임대차계약 증서를 갖춘 임차인은 우선변제권을 취득할 수 있다.

이때, 우선변제의 자격이 있는 임차인이 후순위권리자 그 밖의 채권자들보다 우선하여 자신의 보증금을 변제받기 위해서는, 취득 시뿐만 아니라 배당요구의 종기까지 우선변제의 요건들을 존속하고 있어야 한다. 또한, 경매 과정에서 배당을 받고자 한다면 반드시 배당요구의 종기까지 배당요구를 하여야 한다. 참고로 임대차계약서에 받는 확정일자는 보증금 변경을 막는 역할을 한다.

임차인의 우선 변제 순위는 대항요건과 확정일자 두 가지 요건을 갖춘 날짜를 기준으로 결정된다. 만약 대항요건을 구비하고 이후에 확정일자를 받았다면, 확정일자를 부여받은 날짜가 기준이 되고, 확정일자를 먼저 받았거나, 두 가지 요건을 같은 날 갖추었다면 주택 인도와 주민등록을 마친 다음 날을 기준으로 삼는다.

제3조의3(임차권등기명령)

① 임대차가 끝난 후 보증금이 반환되지 아니한 경우 임차인은 임차주택의 소재지를 관할하는 지방법원·지방법원지원 또는 시·군 법원에 임차권등기명령을 신청할 수 있다. 〈개정 2013.8.13〉

② 임차권등기명령의 신청서에는 다음 각 호의 사항을 적어야 하며, 신청의 이유와 임차권등기의 원인이 된 사실을 소명(疎明)하여야 한다.

〈개정 2013.8.13〉

1. 신청의 취지 및 이유
2. 임대차의 목적인 주택(임대차의 목적이 주택의 일부분인 경우에는 해당 부분의 도면을 첨부한다)
3. 임차권등기의 원인이 된 사실(임차인이 제3조 제1항·제2항 또는 제3항에 따른 대항력을 취득하였거나 제3조의2 제2항에 따른 우선변제권을 취득한 경우에는 그 사실)
4. 그 밖에 대법원규칙으로 정하는 사항

③ 다음 각 호의 사항 등에 관하여는 「민사집행법」 제280조 제1항, 제281조, 제283조, 제285조, 제286조, 제288조 제1항·제2항 본문, 제289조, 제290조 제2항 중 제288조 제1항에 대한 부분, 제291조 및 제293조를 준용한다. 이 경우 "가압류"는 "임차권등기"로, "채권자"는 "임차인"으로, "채무자"는 "임대인"으로 본다.

1. 임차권등기명령의 신청에 대한 재판
2. 임차권등기명령의 결정에 대한 임대인의 이의신청 및 그에 대한 재판
3. 임차권등기명령의 취소신청 및 그에 대한 재판
4. 임차권등기명령의 집행

④ 임차권등기명령의 신청을 기각(棄却)하는 결정에 대하여 임차인은 항고(抗告)할 수 있다.

⑤ 임차인은 임차권등기명령의 집행에 따른 임차권등기를 마치면 제3조 제1항·제2항 또는 제3항에 따른 대항력과 제3조의2 제2항에 따른 우선변제권을 취득한다. 다만, 임차인이 임차권등기 이전에 이미 대항력이나 우선변제권을 취득한 경우에는 그 대항력이나 우선변제권은 그대로 유지되며, 임차권등기 이후에는 제3조 제1항·제2항 또는 제3항의 대항요건을 상실하더라도 이미 취득한 대항력이나 우선변제권을 상실하지 아니한다. 〈개정 2013.8.13〉

⑥ 임차권등기명령의 집행에 따른 임차권등기가 끝난 주택(임대차의 목적이 주택의 일부분인 경우에는 해당 부분으로 한정한다)을 그 이후에 임차한 임차인은 제8조에 따른 우선변제를 받을 권리가 없다.

⑦ 임차권등기의 촉탁(囑託), 등기관의 임차권등기 기입(記入) 등 임차권등기명령을 시행하는 데에 필요한 사항은 대법원규칙으로 정한다.

〈개정 2011.4.12〉

⑧ 임차인은 제1항에 따른 임차권등기명령의 신청과 그에 따른 임차권등기와 관련하여 든 비용을 임대인에게 청구할 수 있다.

⑨ 금융기관등은 임차인을 대위하여 제1항의 임차권등기명령을 신청할 수 있다. 이 경우 제3항·제4항 및 제8항의 "임차인"은 "금융기관등"으로 본다. 〈신설 2013.8.13〉

제3조의4(「민법」에 따른 주택임대차등기의 효력 등)

① 「민법」 제621조에 따른 주택임대차등기의 효력에 관하여는 제3조의3 제5항 및 제6항을 준용한다.

② 임차인이 대항력이나 우선변제권을 갖추고 「민법」 제621조 제1항에 따라 임대인의 협력을 얻어 임대차등기를 신청하는 경우에는 신청서에 「부동산등기법」 제74조 제1호부터 제5호까지의 사항 외에 다음 각 호의 사항을 적어야 하며, 이를 증명할 수 있는 서면(임대차의 목적이 주택의 일부분인 경우에는 해당 부분의 도면을 포함한다)을 첨부하여야 한다. 〈개정 2011.4.12〉

1. 주민등록을 마친 날
2. 임차주택을 점유(占有)한 날
3. 임대차계약증서상의 확정일자를 받은 날

제3조의5(경매에 의한 임차권의 소멸) 임차권은 임차주택에 대하여 「민사집행법」에 따른 경매가 행하여진 경우에는 그 임차주택의 경락(競落)에 따라 소멸한다. 다만, 보증금이 모두 변제되지 아니한, 대항력이 있는 임차권은 그러하지 아니하다.

제3조의6(확정일자 부여 및 임대차 정보제공 등)
① 제3조의2 제2항의 확정일자는 주택 소재지의 읍·면사무소, 동 주민센터 또는 시(특별시·광역시·특별자치시는 제외하고, 특별자치도는 포함한다)·군·구(자치구를 말한다)의 출장소, 지방법원 및 그 지원과 등기소 또는 「공증인법」에 따른 공증인(이하 이 조에서 "확정일자부여기관"이라 한다)이 부여한다.
② 확정일자부여기관은 해당 주택의 소재지, 확정일자 부여일, 차임 및 보증금 등을 기재한 확정일자부를 작성하여야 한다. 이 경우 전산처리정보조직을 이용할 수 있다.
③ 주택의 임대차에 이해관계가 있는 자는 확정일자부여기관에 해당 주택의 확정일자 부여일, 차임 및 보증금 등 정보의 제공을 요청할 수 있다. 이 경우 요청을 받은 확정일자부여기관은 정당한 사유 없이 이를 거부할 수 없다.
④ 임대차계약을 체결하려는 자는 임대인의 동의를 받아 확정일자부여기관에 제3항에 따른 정보제공을 요청할 수 있다.

⑤ 제1항·제3항 또는 제4항에 따라 확정일자를 부여받거나 정보를 제공받으려는 자는 수수료를 내야 한다.

⑥ 확정일자부에 기재하여야 할 사항, 주택의 임대차에 이해관계가 있는 자의 범위, 확정일자부여기관에 요청할 수 있는 정보의 범위 및 수수료, 그 밖에 확정일자부여사무와 정보제공 등에 필요한 사항은 대통령령 또는 대법원규칙으로 정한다. [본조신설 2013.8.13]

집행에 의한 임차권 등기가 경료되면 그날부터 임차인은 대항력을 취득한다. 임차인이 임차권등기가 있기 전부터 대항력을 취득하였다면 그 대항력은 그대로 유지되고, 임차인이 대항력이 없었다면 임차권등기를 한 날부터 대항력이 생긴다.

  임차인은 임차권등기명령에 따른 신청비용, 등기비용을 임대인에게 청구할 수 있다. 이후 임차인은 자유로이 퇴거할 수 있으며, 임대인의 보증금 반환의무가 임차인의 등기말소보다 선이행의무이므로 임대인은 동시이행의 항변권을 주장할 수 없다.

제4조(임대차기간 등)

① 기간을 정하지 아니하거나 2년 미만으로 정한 임대차는 그 기간을 2년으로 본다. 다만, 임차인은 2년 미만으로 정한 기간이 유효함을 주장할 수 있다.

② 임대차기간이 끝난 경우에도 임차인이 보증금을 반환받을 때까지는 임대차관계가 존속되는 것으로 본다.

제6조(계약의 갱신)

① 임대인이 임대차기간이 끝나기 6개월 전부터 1개월 전까지의 기간에 임차인에게 갱신거절(更新拒絕)의 통지를 하지 아니하거나 계약조건을 변경하지 아니하면 갱신하지 아니한다는 뜻의 통지를 하지 아니한 경우에는 그 기간이 끝난 때에 전 임대차와 동일한 조건으로 다시 임대차한 것으로 본다. 임차인이 임대차기간이 끝나기 1개월 전까지 통지하지 아니한 경우에도 또한 같다.

② 제1항의 경우 임대차의 존속기간은 2년으로 본다. 〈개정 2009.5.8〉

③ 2기(期)의 차임액(借賃額)에 달하도록 연체하거나 그 밖에 임차인으로서의 의무를 현저히 위반한 임차인에 대하여는 제1항을 적용하지 아니한다.

제6조의2(묵시적 갱신의 경우 계약의 해지)

① 제6조 제1항에 따라 계약이 갱신된 경우 같은 조 제2항에도 불구하고 임차인은 언제든지 임대인에게 계약해지(契約解止)를 통지할 수 있다. 〈개정 2009.5.8〉

② 제1항에 따른 해지는 임대인이 그 통지를 받은 날부터 3개월이 지나면 그 효력이 발생한다.

주택임대차보호법에서 최장기간의 제한에 관한 규정이 없으므로 민법의 임대차규정에 따르고 있다. 즉, 임대차의 존속기간은 20년을 넘지 못하며, 당사자의 약정기간이 20년을 넘는 때는 이를 20년으로 단축한다. 또한, 약정기간을 갱신할 수 있고, 그 기간은 갱신한 날로부터 10년을 넘지 못한다.

제7조(차임 등의 증감청구권) 당사자는 약정한 차임이나 보증금이 임차주택에 관한 조세, 공과금, 그 밖의 부담의 증감이나 경제사정의 변동으로 인하여 적절하지 아니하게 된 때에는 장래에 대하여 그 증감을 청구할 수 있다. 다만, 증액의 경우에는 대통령령으로 정하는 기준에 따른 비율을 초과하지 못한다.

제7조의2(월차임 전환 시 산정률의 제한) 보증금의 전부 또는 일부를 월 단위의 차임으로 전환하는 경우에는 그 전환되는 금액에 다음 각 호 중 낮은 비율을 곱한 월차임(月借賃)의 범위를 초과할 수 없다.
〈개정 2010.5.17, 2013.8.13, 2016.5.29〉
1. 「은행법」에 따른 은행에서 적용하는 대출금리와 해당 지역의 경제 여건 등을 고려하여 대통령령으로 정하는 비율
2. 한국은행에서 공시한 기준금리에 대통령령으로 정하는 이율을 더한 비율

제10조의2(초과 차임 등의 반환청구) 임차인이 제7조에 따른 증액비율을 초과하여 차임 또는 보증금을 지급하거나 제7조의2에 따른 월차임 산정률을 초과하여 차임을 지급한 경우에는 초과 지급된 차임 또는 보증금 상당금액의 반환을 청구할 수 있다. [본조신설 2013.8.13]

차임 등의 증감청구권은 쉽게 말해 사정변경의 원리의 입법화이다.

차임의 감액은 임차인에게 유리한 부분이므로 이에 대한 법령상의 규제는 없다. 그러나 차임을 증액하는 경우는 주택임대차보호법 시행령이 정한 기준에 의하여 일정 비율을 초과하지 못하도록 규정하고 있다.

즉, 현재의 차임에서 20분의 1을 초과하게 증액할 수 없으며, 증액을 청구한 이후 1년 이내에는 다시 증액할 수 없다. 이는 임대차 계약이 존속되는 기간 중에 한하여 적용되며, 만약 임대차 계약이 종료된 후에 재계약하는 경우, 임대차 계약 종료 전이라도 당사자 간 합의로 차임이 증액된 경우에는 적용되지 않는다.

제8조(보증금 중 일정액의 보호)
① 임차인은 보증금 중 일정액을 다른 담보물권자(擔保物權者)보다 우선하여 변제받을 권리가 있다. 이 경우 임차인은 주택에 대한 경매 신청의 등기 전에 제3조 제1항의 요건을 갖추어야 한다.

② 제1항의 경우에는 제3조의2 제4항부터 제6항까지의 규정을 준용한다.

③ 제1항에 따라 우선변제를 받을 임차인 및 보증금 중 일정액의 범위와 기준은 제8조의2에 따른 주택임대차위원회의 심의를 거쳐 대통령령으로 정한다. 다만, 보증금 중 일정액의 범위와 기준은 주택가액(대지의 가액을 포함한다)의 2분의 1을 넘지 못한다. 〈개정 2009.5.8〉

제8조의2(주택임대차위원회)

① 제8조에 따라 우선변제를 받을 임차인 및 보증금 중 일정액의 범위와 기준을 심의하기 위하여 법무부에 주택임대차위원회(이하 "위원회"라 한다)를 둔다.

② 위원회는 위원장 1명을 포함한 9명 이상 15명 이하의 위원으로 구성한다.

③ 위원회의 위원장은 법무부차관이 된다.

④ 위원회의 위원은 다음 각 호의 어느 하나에 해당하는 사람 중에서 위원장이 위촉하되, 다음 제1호부터 제5호까지에 해당하는 위원을 각각 1명 이상 위촉하여야 하고, 위원 중 2분의 1 이상은 제1호·제2호 또는 제6호에 해당하는 사람을 위촉하여야 한다. 〈개정 2013.3.23〉

1. 법학·경제학 또는 부동산학 등을 전공하고 주택임대차 관련 전문지식을 갖춘 사람으로서 공인된 연구기관에서 조교수 이상 또는 이에

상당하는 직에 5년 이상 재직한 사람
2. 변호사 · 감정평가사 · 공인회계사 · 세무사 또는 공인중개사로서 5년 이상 해당 분야에서 종사하고 주택임대차 관련 업무경험이 풍부한 사람
3. 기획재정부에서 물가 관련 업무를 담당하는 고위공무원단에 속하는 공무원
4. 법무부에서 주택임대차 관련 업무를 담당하는 고위공무원단에 속하는 공무원(이에 상당하는 특정직 공무원을 포함한다)
5. 국토교통부에서 주택사업 또는 주거복지 관련 업무를 담당하는 고위공무원단에 속하는 공무원
6. 그 밖에 주택임대차 관련 학식과 경험이 풍부한 사람으로서 대통령령으로 정하는 사람
⑤ 그 밖에 위원회의 구성 및 운영 등에 필요한 사항은 대통령령으로 정한다.

[본조신설 2009.5.8]

최우선변제권은 사회적 약자인 소액 보증금 임차인을 보호하기 위한 목적으로 선순위, 후순위와 상관없이 시행된다.

이때 해당 임차인은 확정일자를 받을 필요가 없으며, 해당 임대차가 성립하기 전에 설정된 담보물권 등의 선순위권리자가 존재하더라도 이보다 우선해 보증금의 일정액을 최선순위로 변제받는 것이 인정된다.

지역	보증금 범위	최우선변제금액
서울특별시	1억 원	3천 4백만 원 이하
과밀억제권역	8천만 원	2천 700만 원 이하
광역시, 안산시, 용인시, 김포시, 광주시	6천만 원	2천만 원 이하
그 밖	5천만 원	1천 7백만 원 이하

최우선변제권을 얻기 위해 임차인은 주택의 경매신청등기 이전까지 대항요건을 구비해야 하며, 해당 보증금은 위 표에 언급된 범위 이내의 것이어야 한다.

이때 배당요구의 종기까지 대항요건을 계속 구비한 채로 배당요구를 하여야 배당받을 수 있다.

제9조(주택 임차권의 승계)
① 임차인이 상속인 없이 사망한 경우에는 그 주택에서 가정공동생활을 하던 사실상의 혼인 관계에 있는 자가 임차인의 권리와 의무를 승계한다.
② 임차인이 사망한 때에 사망 당시 상속인이 그 주택에서 가정공동생활을 하고 있지 아니한 경우에는 그 주택에서 가정공동생활을 하던 사실상의 혼인 관계에 있는 자와 2촌 이내의 친족이 공동으로 임차인의 권리와 의무를 승계한다.
③ 제1항과 제2항의 경우에 임차인이 사망한 후 1개월 이내에 임대인에게

> 제1항과 제2항에 따른 승계 대상자가 반대의사를 표시한 경우에는 그러하지 아니하다.
> ④ 제1항과 제2항의 경우에 임대차 관계에서 생긴 채권·채무는 임차인의 권리의무를 승계한 자에게 귀속된다.

주택임차권 역시 재산권에 포함되므로 상속의 대상이 될 수 있다.

주택임차인이 사망한 경우라면 해당 임차권이 상속권자에게 상속되는 것이 상속법상의 일반적인 원리이다. 그러나 이 경우 법률상 상속권은 없으나 해당 주택에서 주택임차인과 함께 거주하고 있던 동거가족의 보호가 문제가 된다. 이를 보호하기 위해 주택임대차보호법에서는 임차권의 승계에 관련해 특례를 규정하고 있다.

> 제10조(강행규정) 이 법에 위반된 약정(約定)으로서 임차인에게 불리한 것은 그 효력이 없다.

주택임대차보호법은 편면적 강행규정으로, 임대인에게 불리하지만 임차인에게 유리한 약정은 효력이 있고, 임대인에게만 유리하고 임차인에게 불리한 약정은 해서는 안 된다. 만약 하더라도 그 법정 효력이 없다.

제11조(일시사용을 위한 임대차) 이 법은 일시사용하기 위한 임대차임이 명백한 경우에는 적용하지 아니한다.

제12조(미등기 전세에의 준용) 주택의 등기를 하지 아니한 전세계약에 관하여는 이 법을 준용한다. 이 경우 "전세금"은 "임대차의 보증금"으로 본다.

주택임대차보호법은 해당 건물이 관할구청에 의해 허가를 받았는지, 또는 등기를 마쳤는지를 구별해 적용하지 않는다. 어느 건물이든지 간에 공부상의 표시가 아닌 실제 용도에 따라 판단되므로, 임대차 계약 체결 당시 용도가 주거 생활을 목적으로 한 주택에 해당한다면 등기 여부와 상관없이 주택임대차보호법의 적용대상이 된다.

그러나 주거의 목적을 가지더라도 일시적인 사용을 위해 임대차한 경우라면 적용대상에서 제외된다. 예를 들어, 시험공부를 위해 임시로 타 지역에 2, 3개월간 방을 얻은 경우, 주택의 보수나 개조를 위해 몇 개월만 이사가 있는 경우라면 주택임대차보호 대상이 아니다.

💲 유치권

제320조 [유치권의 내용]
① 타인의 물건 또는 유가증권을 점유한 자는 그 물건이나 유가증권에 관하여 생긴 채권이 변제기에 있는 경우에는 변제를 받을 때까지 그 물건 또는 유가증권을 유치할 권리가 있다.
② 전항의 규정은 그 점유가 불법행위로 인한 경우에 적용하지 아니한다.

제321조 [유치권의 불가분성] 유치권자는 채권전부의 변제를 받을 때까지 유치물 전부에 대하여 그 권리를 행사할 수 있다.

제322조 [경매, 간이변제충당]
① 유치권자는 채권의 변제를 받기 위하여 유치물을 경매할 수 있다.
② 정당한 이유 있는 때에는 유치권자는 감정인의 평가에 의하여 유치물로 직접변제에 충당할 것을 법원에 청구할 수 있다. 이 경우에는 유치권자는 미리 채무자에게 통지하여야 한다.

제323조 [과실수취권]
① 유치권자는 유치물의 과실을 수취하여 다른 채권보다 먼저 그 채권의 충당할 수 있다. 그러나 과실이 금전이 아닌 때에는 경매하여야 한다.
② 과실은 먼저 채권의 이자에 충당하고 그 잉여가 있으면 원본에 충당한다.

제324조 [유치권자의 선관의무]

① 유치권자는 선량한 관리자의 주의로 유치물을 점유하여야 한다.

② 유치권자는 채무자의 승낙 없이 유치물의 사용, 대여 또는 담보제공을 하지 못한다. 그러나 유치물의 보존에 필요한 사용은 그러하지 아니하다.

③ 유치권자가 전2항의 규정에 위반한 때에는 채무자는 유치권의 소멸을 청구할 수 있다.

제325조 [유치권자의 상환청구권]

① 유치권자가 유치물에 관하여 필요비를 지출한 때에는 소유자에게 그 상환을 청구할 수 있다.

② 유치권자가 유치물에 관하여 유익비를 지출한 때에는 그 가액의 증가가 현존한 경우에 한하여 소유자의 선택에 좇아 그 지출한 금액이나 증가액의 상환을 청구할 수 있다. 그러나 법원은 소유자의 청구에 의하여 상당한 상환기간을 하여할 수 있다.

제326조 [피담보채권의 소멸시효] 유치권의 행사는 채권의 소멸시효의 진행에 영향을 미치지 아니한다.

제327조 [타담보제공과 유치권소멸] 채무자는 상당한 담보를 제공하고

유치권의 소멸을 청구할 수 있다.

제328조 [점유상실과 유치권소멸] 유치권은 점유의 상실로 인하여 소멸한다.

유치권 성립을 위한 일정한 요건들이 갖추어졌다면, 이는 법률상 당연히 성립되는 법정담보물권으로서 당사자 간 계약으로 발생된 약정 담보물권 즉, 질권 및 저당권과는 다른 성격을 띤다. 법정 담보물권인 유치권은 해당 목적물이 부동산이나 유가증권인 경우에도 '등기나 배서'는 필요로 하지 않는다.

유치권 성립을 위해서 해당 채권은 목적물 자체로부터 발생된 채권이어야 한다.

예를 들어, 목적부동산을 유지 보수하는 데 지출된 필요비, 그리고 반드시 필요한 부분은 아니나 부동산의 가치를 증가시키는 유익비 등이 발생했을 때 각각의 비용의 상환을 청구할 수 있는 권리, 목적물 하자로 인한 손해배상청구권, 자동차 수리 대가의 수리비채권 등이 이에 속한다.

유치권은 채권자가 채권을 변제하기 전에는 물건의 반환을 거절할 수 있다는 공평의 원리에 입각하여 동시이행 관계를 가진다.

💲 법정지상권

> 제366조 [법정지상권] 저당물의 경매로 인하여 토지와 그 지상건물이 다른 소유자에 속한 경우에는 토지소유자는 건물소유자에 대하여 지상권을 설정한 것으로 본다. 그러나 지료는 당사자의 청구에 의하여 법원이 이를 정한다.

매매 계약에 의하지 않고, 법률의 규정에 의해 인정되는 지상권이다.

동일인에 의해 소유되던 토지와 지상물이 이후 그 소유자가 달리 되었을 때, 지상물을 소유하는 자를 위해 법으로 인정되는 지상권을 법정지상권이라 한다. 법정지상권의 종류에는 현행법상의 법정지상권, 관습법상의 법정지상권, 그리고 특수한 관습법상의 지상권인 분묘기지권이 있다.

〈출처 : 국가법령정보센터〉

참고문헌

- 최원철, 김보곤, 김태윤, 김민지, 서선정, 정우영, 김보규 《〈상가투자 보물찾기〉》, 매일경제신문사
- 장석태 《〈포커스 경매〉》
- 성시근 《〈나는 경매보다 NPL이 좋다〉》, (주)고려원북스
- EBS〈자본주의〉제작팀, 정지은, 고희정 《〈자본주의〉》, 가나출판사

참고사이트

- 국가법령정보센터(www.law.go.kr)
- 국세청(www.nts.go.kr)
- 통계청(www.kostat.go.kr)
- 국세법령정보시스템(txsi.hometax.go.kr/docs/main.jsp)